KB212525

나는
성경이 말씀하는 나다

I AM WHAT
THE BIBLE SAYS I AM

BY

JAKE PROVANCE & KEITH PROVANCE

제이크 프로방스 & 키이스 프로방스 지음

한길환 옮김

엘맨
하나님의 사랑을 만들어 가는 ELMAN

나는 성경이 말씀하는 나다

I AM WHAT THE BIBLE SAYS I AM

초판1쇄 2020년 10월 5일

지은이 : 제이크 프로방스 & 키이스 프로방스
옮긴이 : 한길환
펴낸이 : 이규종
펴낸곳 : 엘맨출판사
등록번호 : 제13-1562호(1985.10.29.)
등록된곳 : 서울시 마포구 토정로222
            한국출판콘텐츠센터 422-3
전화 : (02) 323-4060,6401-7004
팩스 : (02) 323-6416
이메일 : elman1985@hanmail.net
www.elman.kr

ISBN 978-89-5515-693-5 03230

값 11,500 원

나는
성경이 말씀하는 나다

I AM WHAT
THE BIBLE SAYS I AM

BY

JAKE PROVANCE & KEITH PROVANCE

제이크 프로방스 & 키이스 프로방스 지음

한길환 옮김

엘맨
하나님의 사람을 만들어 가는 ELMAN

목 차

Table of Content

옮긴이의 글

요즘 많은 그리스도인들이 거대한 세속주의에 휩쓸려 그리스도인으로서 정체성과 긍지가 처참할 정도로 흔들리고 있다. 성경은 그리스도인을 거류민과 나그네라고 말씀한다. 킹제임스 성경은 나그네를 순례자(Pilgrims)로 번역했다.

순례자는 천국에 국적을 두고, 온갖 편견과 불이익을 감수하면서도, 자신의 국적을 포기하지 않고, 언젠가 돌아갈 본향(本鄕)을 바라보며, 이 땅에서 나그네와 같은 자세로 살아가는 성도를 의미한다.

본향을 바라보는 사람은 밭에 감추인 보화를 얻기 위해 자기의 소유를 다 팔아 그 밭을 사는 믿음으로 사는 사람이다.

저자는 그리스도인으로서 '나는 누구인가'라는 다양한 주제를 통해서 성경이 말씀하는 그리스도인으로서 우리의 정체성에 관해서 논하고, 하나님의 자녀로서 확고한 긍지를 제시하고 있다. 이 책이 그리스도인으로서 정체성이 분명하지 않은 분들과 긍지를 잃어버리고 혼란에 빠진 분들에게 정체성과 긍지를 찾는 계기가 되기를 간절히 소원한다.

"...우리는 속이는 자 같으나 참되고 무명한 자 같으나 유명한 자요 죽은 자 같으나 보라 우리가 살아 있고 징계를 받는 자 같으나 죽임을 당하지 아니하고 근심하는 자 같으나 항상 기뻐하고 가난한 자 같으나 많은 사람을 부요하게 하고 아무 것도 없는 자 같으나 모든 것을 가진 자로다"(고후 6:8-10).

충남 홍성 생명의 강가 작은 서재에서

한길환 목사

Translator's writing

Many Christians are swept away by huge secularism these days, and their identity and pride as Christians are shaking to the point of disastrous. The Bible refers to Christian as aliens and strangers. The King James Bible translated the strangers into Pilgrims.

A pilgrim means a saint who lives in the same position as strangers on this land, having nationality in heaven, risking all kinds of prejudices and disadvantages, but not giving up his nationality, looking at his home country to return someday.

The man who looks at his hometown is man who lives in the faith of buying the field by selling his possessions in order to obtain the treasure hidden in the field.

Through the various themes of "Who am I" as Christian, the author discusses the identity of our Christian as the Bible speaks of, and presents firm pride as child of God. I sincerely hope that this book will serve as opportunity to find identity and pride for those whose identity is not clear as Christian and those who have lost pride and are confused.

"...as deceivers, and yet true; as unknown, and yet well known; as dying, and, behold, we live; as chastened, and not killed; as sorrowful, yet always rejoicing; as poor, yet making many rich; as having nothing, and yet possessing all things"(2Co 6:8-10, KJV).

In a small study on the riverside of life
in Hongseong, Chungcheongnam-do

Pastor Gil-Hwan Han

머리글

당신은 거울을 볼 때 누가 보이는가? 당신이 선하게 보이는가? 당신이 똑똑하게 보이는가? 당신이 친절하게 보이는가? 당신이 강하게 보이는가? 당신이 가치 있게 보이는가?

대답하기 전에, 당신의 반응이 어디에서 나오는지에 대해 잠시 생각해 보라. 당신은 왜 당신에 대해 이런 생각을 하는가? 이런 생각이 어디서 비롯되었는가? 당신의 생각이 당신에게 그렇게 나타냈는가? 당신의 은밀한 생각으로 그것들을 곰곰이 생각했는가? 그 생각이 의심과 불안감에 뿌리를 두고 있는가 아니면 자신감과 진실에 뿌리를 두고 있는가?

우리는 주변 사람들의 의견을 따르고, 비교를 통해 자기 가치를 세우는 경향이 너무 많다. 이것은 실패의 확실한 방안이다. 왜냐하면 그것은 매우 변덕스럽고 불행한 삶으로 이어지기 때문이다. 비교는 양날의 검으로, 너무 자주 파괴로 이어진다. 잘 적응하려고 노력하는 스트레스, 돋보이고 싶은 욕구, 완벽해야 한다는 압박감 등은 모두 일상의 기쁨, 평화, 만족감을 빼앗는 자기 유도적인 고통이다. 성경은 우리에게 "우리는 자기를 칭찬하는 어떤 자와 더불어 감히 짝하며 비교할 수 없노라 그러나 그들이 자기로써 자기를 헤아리고 자기로써 자기를 비교하니 지혜가 없도다"(고후 10:12)라고 경고한다.

그러나 당신 주변 사람들의 의견이나 심지어 당신 자신의 의견 외에 당신의 정체성과 자존감에 근거한다면 어떨까? 만약 당신의 가치가 결코 변하지 않는 것에 근거한다면 어떨까? 영원히 고정되고 결정된 것에 근거한다면 어떨까, 결코 돌이킬 수 없는 것에 근거한다면 어떨까? 당신이 새 신자이든, 다년간 그리스도인이든, 하나님이 말씀하시는 당신은 누구인지 상기시키는 것은 항상 중요하다. 당신이 '새로운 당신'의 현실에 당당하도록 당신을 상기시키고 격려하기 위해서 이 책은 이러한 진실을 모아놓은 것이다.

하나님은 당신에 대한 그의 생각을 결코 바꾸지 않으신다. 그분은 당신의 결정을 일괄하여 당신을 보지도 않으시고, 당신을 당신의 가치에 근거하여 판단하지도 않으신다. 당신이 하나님을 믿고 하나님께 권리를 포기하는 순간, 하나님이 당신과 당신 안에 새로운 정체성을 부여하시는 순간이다! 그분은 당신을 그분의 자녀로 보시고, 당신의 행복을 기뻐하시며, 당신의 진정한 정체성을 격려하시고 긍정하시는 것이 그분의 확고한 바람이시다.

하나님의 말씀은 생명과 사랑, 빛으로 가득 찬 살아있는 책이다. 당신이 하나님의 말씀을 읽고 말씀을 믿음으로 되뇌일 때 말씀의 힘이 당신의 마음에 뿌리를 내리고, 당신의 마음에 깊숙이 스며들 것이다. 당신이 하나님의 말씀에 따르면, 당신이 누구인지에 대한 완전한 깨달음은 하룻밤 사이에 일어나지 않을 수도 있지만, 그분의 말씀을 묵상하고 되뇜으로써 당신이 당신 자신을 보는 시각은 하나님이 당신을 보시는 시각과 맞물리기 시작할 것이다. 당신은 또한 하나님이 그들을 보는 시각으로 주위의 사람들을 볼 수 있을 것이다. 당신은 절대 예전 같지 않을 것이다!

Introduction

Who do you see when you look in the mirror? Are you good looking? Are you smart? Are you kind? Are you strong? Are you valuable?

Before you answer, take a moment to think about where your response is coming from. Why do you think these things about yourself? Where did they originate? Have they been spoken to you? Have you pondered them in your secret thoughts? Are they rooted in doubt and insecurity or in confi- dence and truth?

Too often we tend to conform to the opinions of those around us, and use compar- ison to build our self-worth. This is a sure recipe for disaster, for it leads to a very fickle, unhappy life. Comparison is a double- edged sword—too often leading to destruc- tion. The stress of trying to fit in, wanting to stand out, the pressure to be perfect, etc., are all self-in- duced afflictions that rob us of our daily joy, peace, and contentment. That's why the Bible warns us,

"But when they measure themselves by one another and compare themselves with one another, they are without understanding" (2 Corinthians 10:12 ESV).

But what if you could base your identity and self-worth on something besides the opinions of those around you or even your own opinions? What if your value was based on something that never changes? Something that is fixed and decided for all eternity— never to be undone? Whether you are a new believer or have been a Christian for many years, it is always important to be reminded of who God says you are. This book is a collection of those truths, to remind you and encourage you to stand tall in the reality of the "new you."

God never changes in His thoughts towards you. He does not look at you as a lump sum of your decisions, nor does He judge you based on your worthiness. The moment you surrender to God by believing in Him, and confessing Him as your Lord and Savior, is the moment God places a new identity on you and in you! He sees you as His child, He delights in your happiness, and it is His firm desire to encourage and affirm your true identity—if you will let Him.

The Word of God is a living book full of life, love, and light. When you read God's words and speak them with faith, their power will take root in your heart, and infiltrate and permeate your mind. The full realization of who you are according to God may not happen overnight, but as you meditate and speak His words, the way you see yourself will begin to mesh with the way God sees you, and you'll be able to see those around you the way God sees them. You will never be the same!

나는 새 것이다

당신이 예수님을 개인적인 구세주로 영접했을 때 당신은 새로운 피조물이 되었다. 당신은 하나님 나라의 가장 큰 기적, 즉 영적 탈바꿈을 경험했다. 한 성경 번역본에 따르면 당신은 새로운 존재의 종(種)이 되었다고 한다. 하나님은 당신의 과거의 죄와 실수, 실패와 단점들을 용서하셨고, 다시는 결코 기억될 수 없게 하셨다. 여러분은 같은 생각, 태도, 그리고 중독을 가지고 있을지도 모르고, 심지어 같은 옛일들을 하고 싶을지도 모르지만, 낙담하지는 말라. 그리스도께서 당신의 영혼을 새로 창조하셨지만, 당신의 마음을 새롭게 하는 사람은 바로 당신이다.

성경에는 "새 사람을 입으라"(엡 4:24)고 말씀한다. 이것은 그리스도 안에서 새로운 사람의 태도를 취하고 행동하는 것이 의식적인 선택이라는 것을 의미한다. 옳은 일을 하기로 선택하고, 하나님의 말씀을 읽고 듣고, 기도하는 것은 당신이 새로운 사람이 되는 것의 모든 부분이다. 그것은 하루아침에 완전히 일어나는 일은 아니지만, 당신이 생활방식에 적응하기 시작하는 순간 삶이 바뀌기 시작하는 순간이다! 당신이 그것을 고수함에 따라, 당신은 일을 하는 예전 방식 대신 하나님의 방식을 선호하기 시작할 것이다.

하나님과 함께 실제로 당신의 사고방식을 바꿀 수 있다는 것이 얼마나 멋진 일인가?! 당신이 새로운 당신을 받아들이고, 그분의 말씀을 읽고, 묵상하고, 되뇌임으로써 당신의 마음을 새롭게 할 때, 당신은 당신의 삶에서 하나님의 임재하심을 점점 더 자각하게 될 것이다. 당신은 날이 갈수록 당신의 바람과 생각이 점점 더 그분 처럼 되어가고 있다는 것을 알게 될 것이다. 당신은 내면이 새롭다. 매일 이 사실을 믿고 고백하며, 이미 당신의 생각과 행동이 변하는 것을 지켜보라.

I Am New

You became a new creation when you accept-
ed Jesus as your personal Savior. You experienced
the greatest miracle of God's Kingdom—a spiritu-
al metamorphosis. One Bible translation says that
you became a new species of being. God has for-
given the sins, mistakes, failures, and shortcomings
of your past, never to be remembered again. You
may have some of the same thoughts, atti- tudes,
and addictions, and you may even want to do some
of the same old stuff, but don't get discouraged.
Though Christ made your spirit new, you are the
one who makes your mind new.

The Bible says to "put on the new you." This
means it's a conscious choice to behave like and
adopt the attitude of a new person in Christ. Choos-
ing to do what is right, reading and listening to the
Word of God, and praying are all part of becoming
the new you. It doesn't happen completely over-
night, but the moment you start to adapt your life-

style is the moment your life begins to change! As you stick with it, you will begin to prefer God's way instead of your old ways of doing things.

How cool is it that with God you can actually change the way you think?! As you embrace the new you and renew your mind by reading, contemplating, and speaking His Word, you'll grow more and more aware of God's presence in your life. You'll notice with each passing day that your desires and thoughts are becoming more and more like His. You are new on the inside—believe and confess this over yourself daily, and watch your thoughts and actions change to reflect what is already yours.

◈ 성경

"그런즉 누구든지 그리스도 안에 있으면 새로운 피조물이라 이전 것은 지나갔으니 보라 새 것이 되었도다"(고후 5:17).

"너희는 이전 일을 기억하지 말며 옛날 일을 생각하지 말라 보라 내가 새 일을 행하리니 이제 나타낼 것이라 너희가 그것을 알지 못하겠느냐 반드시 내가 광야에 길을 사막에 강을 내리라"(사 43:18-19).

"너희가 서로 거짓말을 하지 말라 옛 사람과 그 행위를 벗어 버리고 새 사람을 입었으니 이는 자기를 창조하신 이의 형상을 따라 지식에까지 새롭게 하심을 입은 자니라"(골 3:9-10).

"또 새 영을 너희 속에 두고 새 마음을 너희에게 주되 너희 육신에서 굳은 마음을 제거하고 부드러운 마음을 줄 것이라"(겔 36:26).

◈ Scriptures

"Therefore if any man be in Christ, he is a new creature: old things are passed away; behold, all things are become new."

        - 2 CORINTHIANS 5:17 (KJV)

"Remember not the former things, nor consider the things of old. Behold, I am doing a new thing; now it springs forth, do you not perceive it? I will make a way in the wilderness and rivers in the desert."

        - ISAIAH 43:18-19 (ESV)

"Don't lie to each other, for you have stripped off your old sinful nature and all its wicked deeds. Put on your new nature, and be renewed as you learn to know your Creator and become like him."

        - COLOSSIANS 3:9-10 (NLT)

"And I will give you a new heart, and I will put a new spirit in you. I will take out your stony, stubborn heart and give you a tender, responsive heart."

        - EZEKIEL 36:26 (NLT)

◈ 당신의 삶에 이 말을 선포하라

나는 그리스도 안에서 새로운 피조물이다. 나의 모든 죄는 용서를 받았고 잊혀졌다. 나의 옛 생활과 그와 관련된 모든 것은 이미 사라졌다. 나는 하나님을 기쁘시게 하는 새로운 바람과 평화와 번영과 기쁨의 삶을 살기 위한 새로운 목표를 가지고 있다. 나는 명예롭고 청렴한 삶을 살기 위해 전념하고 있다. 나는 하나님의 사랑과 빛이 나를 통해 빛나게 하고, 하나님의 지혜가 나를 인도하고, 나를 변화시키고, 그분이 원하시는 것으로 만들어 준다. 나의 옛 사람은 죽었고, 내 안에 새 사람이 살고 있다. 주의 영이 지금 내 안에 사시고 내 마음은 순수한 것들에 초점을 맞출 것이다. 나는 그리스도 안에서 새로운 피조물이며, 내 안에 계시는 그분의 생명은 모든 사람이 볼 수 있도록 분명히 나타날 것이다.

◈ Speak these words over your life

I am a new creation in Christ. All of my sins have been forgiven and forgotten. My old life and everything associated with it has passed away. I have new desires pleasing to God, and new goals for a life of peace, pros- perity, and joy. I am committed to living a life of honor and integrity. I am committed to let God's love and light shine through me, and His wisdom guide me, change me, and mold me into what He desires I become. The old me is dead, there is a new person living on the inside of me. The Spirit of the Lord now lives in me and my mind will focus on those things that are pure. I am a new creation in Christ and His life within me will be evident for all to see.

나는 자유하다

주의 영이 있는 곳에는 자유가 있다! 당신이 예수님을 구세주로 영접했을 때, 초자연적인 능력으로 속박을 깨고 중독을 죽이는 자유의 영이 바로 당신의 존재에 스며들었다. 당신은 자유하다! 죄악은 이미 당신에게 그 힘을 잃고 용서받았으니, 더 이상 과거의 죄악에 얽매이지 않아도 된다.

당신은 더 이상 두려움에 마비될 필요가 없다. 이는 하나님이 당신을 떠나시거나, 당신을 버리시지 않으실 것이기 때문이다. 당신은 더 이상 두려움에 마비될 필요가 없다. 당신은 더 이상 당신 자신의 정욕과 욕망의 노예가 될 필요가 없다. 이는 당신 안에 당신을 갖추고, 에너지를 공급하고, 힘을 실어주는 새로운 힘이 작용하고 있기 때문이다. 당신은 더 이상 병과 질병에 갇힐 필요가 없다. 이는 그리스도께서 치유와 건강, 그리고 온전함을 당신에게 제공해 주셨기 때문이다. 당신은 더 이상 계속되는 걱정과 불안한 생각에 시달릴 필요가 없다. 이는 개입하시는 하나님의 능력은 크시고, 그분의 사랑은 한층 더 크시기 때문이다. 당신은 더 이상 남의 인정이 필요하다는 이유로 극심한 고통에 시달릴 필요가 없다. 이는 당신은 하나님의 자녀이며, 그분이 그분의 말씀을 통해서 확증해 주시기 때문이다.

사탄이 당신을 공격하는 것은 헛된 일이다. 하나님은 당신과 함께, 당신을 위해, 그리고 당신 편에 계신다! 당신은 당신이 항상 꿈꿔왔던 삶을 자유롭게 살 수 있다. 전능하신 하나님의 흔들림 없는 투사에게 닿을 수 없는 너무 크거나 너무 먼 것은 없다. 예수님은 여러분에게 완전하고 전적인 자유를 주시기 위해 십자가에서 죽으셨다. 이는 그의 믿음이 사랑하는 하나님을 믿을 만큼 대담한 믿음이 있는 사람들에 대한 하나님의 열렬한 사랑인, 멈출 수 없는 생명을 바꾸는 힘을 멈출 수 있는 것은 없기 때문이다! 당신은 자유하다!

I Am Free

Where the Spirit of the Lord is, there is freedom! When you accepted Jesus as your Savior, the supernatural-powered, bondage- breaking, addiction-killing Spirit of Freedom was infused into your very being. You are free! You no longer have to be chained up by the guilt of your past, for sin has lost its power over you and you have been forgiven.

You no longer have to be paralyzed by fear, for God will never leave you or forsake you. You no longer have to be a slave to your own lusts and desires, for there is a new force at work within you to equip, energize, and empower you. You no longer have to be confined by sickness and disease, for Christ made healing, wellness, and wholeness available for you. You no longer have to be plagued by the nagging thoughts of worry and anxiety, for God's ability to intervene is great, and greater still is His affection for you! You no longer have to be tortured by the need for others' approval, for you are a child of God, and He affirms you through His Word.

Satan's attacks against you are futile; God is with you, for you, and on your side! You are free to live the life you have always dreamed about. Nothing is too big or too far out of reach to an unshackled champion of God the Almighty. Jesus died on the cross to give you complete and total freedom, for nothing can halt the unstoppable life-altering force that is God's fierce love for those whose faith is audacious enough to believe in a loving God! YOU ARE FREE!

◈ 성경

"그러므로 이제 그리스도 예수 안에 있는 자에게는 결코 정죄함이 없나니 이는 그리스도 예수 안에 있는 생명의 성령의 법이 죄와 사망의 법에서 너를 해방하였음이라"(롬 8:1-2).

"그리스도께서 우리를 자유롭게 하려고 자유를 주셨으니 그러므로 굳건하게 서서 다시는 종의 멍에를 메지 말라"(갈 5:1).

"그러므로 아들이 너희를 자유롭게 하면 너희가 참으로 자유로우리라"(요 8:36).

◈ Scriptures

"With the arrival of Jesus, the Messiah, that fateful dilemma is resolved. Those who enter into Christ's being-here-for-us no longer have to live under a continuous, low- lying black cloud. A new power is in opera- tion. The Spirit of life in Christ, like a strong wind, has magnificently cleared the air, freeing you from a fated lifetime of brutal tyranny at the hands of sin and death."

- ROMANS 8:1-2 (MSG)

"In [this] freedom Christ has made us free [and completely liberated us]; stand fast then, and do not be hampered and held ensnared and submit again to a yoke of slavery [which you have once put off]."

- GALATIANS 5:1 (AMPC)

"So if the Son liberates you [makes you free men], then you are really and unques- tionably free."

- JOHN 8:36 (AMPC)

◈ 당신의 삶에 이 말을 선포하라

나는 자유하다. 과거의 실패에 대한 죄책감과 비난에서 자유하다. 이는 용서를 받았기 때문이다. 나는 걱정과 불안, 스트레스로부터 자유하다. 이는 하나님의 평화가 내 마음을 다스리기 때문이다. 나는 우울증과 낙담과 절망에서 자유롭다. 이는 주님이 나를 격려하시고 지탱해 주시기 때문이다. 나는 두려움으로부터 자유하다. 이는 하나님이 나에게 두려움의 영을 주신 것이 아니라 힘과 사랑, 건전한 마음을 주셨기 때문이다. 나는 중독과 나의 정욕과 욕망의 끌어당기는 힘으로부터 자유하다. 이는 내가 명예로운 삶을 살 수 있도록 내게 갖추고, 에너지를 공급하고, 힘을 실어주기 위해서 내 안에서 역사하는 새로운 힘이 있기 때문이다. 나는 병과 질병으로부터 자유하다. 이는 예수님이 그분의 등에 채찍을 당하셨을 때, 그분은 병과 질병이 내게 미치는 어떤 힘도 없이 하셨기 때문이다. 나는 내가 항상 꿈꿔왔던 삶을 자유롭게 살 수 있다. 전능하신 하나님의 흔들림 없는 투사인 내게 너무 크거나 멀어서 도달할 수 없는 것은 없다.

◈ Speak these words over your life

I am free. I am free from the guilt and condemnation of my past failures, for I have been forgiven. I am free from worry, anxiety, and stress, for the peace of God reigns in my heart. I am free from depression, discourage- ment, and despair, for the Lord encourages me and sustains me. I am free from fear, for God has not given me a spirit of fear, but of power, love, and a sound mind. I am free from addic- tions and the pull of my lusts and desires, for there is a new force at work within me to equip, energize, and empower me to live a life of honor. I am free from sickness and disease, for when Jesus took stripes on His back, He obliterated any power that sickness and disease had over me. I am free to live the life I have always dreamed about. Nothing is too big or too far out of reach to me—an unshackled champion of God the Almighty!

나는 강하다

가끔은 삶이 당신을 지치게 할 수도 있다! 권태와 피로가 항상 우리를 좌절시키는 것 같다. 그것은 육체적인 것만이 아니다, 삶의 정신적, 감정적 요구는 우리의 힘을 약화시키고 에너지를 고갈시킨다. 우리의 빠져나올 수 없는 삶은 때때로 우리 모두가 추구하고 있는 것처럼 보이는 스트레스도 없고 걱정도 없고 힘들지 않는 삶에 도움이 되지 않는다. 하지만 낙심하지 말라! 하나님을 바라보라. 그러면 그분이 여러분에게 힘을 불어넣으셔서, 여러분이 삶의 끊임없는 압박감을 견뎌낼 뿐만아니라, 실제로 그들을 기쁨으로 이겨낼 수 있게 해주실 것이다.

힘의 토대와 공급은 하나님의 확고한 말씀이다. 하나님의 말씀을 읽고, 생각하고, 읊조리면서 시간을 보내면 그분의 힘이 당신에게 흘러갈 수 있게 할 것이다. 사람들이 당신에게, 그리고 당신에 대해서 말한 모든 부정적인 말들을 뛰어넘을 힘이 필요할 때, 하나님이 당신이 누구라고 말씀하셨는지, 그리고 그분이 당신에게 그분과 함께라면 하실 수 있다고 말씀하신 것을 상기하라. 힘든 시기에 끝까지 해내기 위해 힘이 필요할 때, 하나님은 당신의 힘이 되셔서 당신과 함께 그것을 헤쳐나가실 것이다. 아침에 그 고된 일에 맞서기 위해 힘이 필요할 때, 하나님은 당신을 위해 싸우기 위해 당신과 함께 계신다. 우울증이나 걱정, 불안 등을 이겨내기 위해 힘이 필요할 때, 하나님께 기대면 그분은 당신을 절망에서 끌어올리실 것이다.

하나님은 우리가 겪고 있는 일에 의심할 여지 없이 움직이시고, 하나님을 사랑하는 사람들을 대신하여 자신을 강하게 보여 주실 기회를 결코 놓치지 않으신다. 두려움과 자신의 불안감을 극복하기 위해 힘이 필요할 때, 당신이 어떤 상황에서도 정면으로 맞설 수 있도록 하나님의 힘이 당신의 마음을 용기와 자신감으로 강화하도록 하라.

I Am Strong

Sometimes life can just wear you out! Weariness and fatigue always seem to be nipping at our heels. It's not just physical— the mental and emotional demands of life zap our strength and drain our energy. Our fast- paced lives are sometimes not conducive to the stress-free, worry-free, easy life we all seem to be chasing after. But don't lose heart! Look to God, and He will infuse strength into you, enabling you to not only endure the ever-constant pressures of life, but actually overcome them with joy!

The foundation and supplier of strength is the unfaltering Word of God. Reading, spending time thinking about, and speaking God's Word will allow His strength to flow to you. When you need strength to rise above all the negative words that people have spoken to you and about you, then remind yourself who God said you are and what He said you can do with Him. When you need strength to push through in the tough times, God will be your strength and walk through it with you. When you need strength in the mornings to face the grind, God is up with you to fight for you. When you need strength to get through depression, worry, or anxiety, then lean on God and He'll lift you up out of despair.

God is easily touched by what we are going through, and He never misses a chance to show Himself strong on behalf of those who love Him and put their trust in Him. When you need strength to overcome fear and your own insecurities, let God's strength bolster your heart with courage and confidence so you can face any circumstance head-on.

"끝으로 너희가 주 안에서와 그 힘의 능력으로 강건하여지라"(엡 6:10).

"내게 능력 주시는 자 안에서 내가 모든 것을 할 수 있느니라"(빌 4:13).

"내가 네게 명령한 것이 아니냐 강하고 담대하라 두려워하지 말며 놀라지 말라 네가 어디로 가든지 네 하나님 여호와가 너와 함께 하느니라 하시니라"(수 1:9).

◈ Scriptures

"In conclusion, be strong in the Lord [draw your strength from Him and be empowered through your union with Him] and in the power of His [boundless] might."

- EPHESIANS 6:10 (AMP)

"I can do all things [which He has called me to do] through Him who strengthens and empowers me [to fulfill His purpose—I am self-sufficient in Christ's sufficiency; I am ready for anything and equal to anything through Him who infuses me with inner strength and confident peace.]"

- PHILIPPIANS 4:13 (AMP)

"Have I not commanded you? Be strong and courageous. Do not be frightened, and do not be dismayed, for the Lord your God is with you wherever you go."

- JOSHUA 1:9 (ESV)

◈ 당신의 삶에 이 말을 선포하라

나는 주님과 그분의 능력으로 강하다. 나는 내 몸이 강하다. 나는 내 마음이 강하다. 나는 내 정신이 강하다. 나는 그리스도와 연합을 통해 힘을 얻는다. 내가 가장 약할 때, 그분은 가장 강하시다. 나는 그분의 목적을 성취할 수 있도록 나를 강화하시고 힘을 실어주시는 그분을 통해 모든 것을 할 수 있다. 나는 그리스도의 충만함에서 자급자족한다. 나는 내적 힘과 자신감 있는 평화를 내게 불어넣으시는 하나님을 통해 어떤 것이든 할 준비가 되어 있으며, 어떤 것도 감당할 수 있다. 나는 어떤 장애물도 극복하고, 어떤 공격도 견뎌내고, 믿음의 선한 싸움을 대담하게 싸울 힘이 있다. 나는 두려워하지 않을 것이며, 어떤 의심도 내 마음에 들어오지 못하게 할 것이다. 이는 나는 전능하신 분의 자녀이므로, 나는 흔들리지 않을 것이기 때문이다! 나는 주 안에서 강하다!

◈ Speak these words over your life

I am strong in the Lord and in the power of His might. I am strong in my body. I am strong in my mind. I am strong in my spirit. I draw my strength through my union with Christ. When I am at my weakest, He is at His strongest. I can do all things through Him who strengthens and empowers me to fulfill His purpose. I am self-sufficient in Christ's sufficiency—I am ready for anything and equal to anything through Him who infuses me with inner strength and confident peace. I have strength to overcome any obstacle, to endure any attack, and to boldly fight the good fight of faith. I will not fear, nor will I allow any doubt to enter my mind, for I am a child of the Almighty and I will not be shaken! I am strong in the Lord!

나는 어둠속의 빛이다

어둠은 우리 주위에서 우리의 열정을 어둡게 하고, 우리의 소망을 보이지 않게 가리고, 우리의 평화를 내습하려고 한다. 그리스도는 당신을 이 세상에 본보기로 삼으셨다. 그분은 당신을 통해 자신의 사랑과 삶이 당신의 주변 사람들의 마음에 돋보이기를 원하신다. 당신은 어둠속의 빛이다!

어둠은 사람들의 삶에서 여러 가지 형태를 취한다. 우리가 우울할 때 어둠은 무거운 형태를 취한다. 우리가 화가 났을 때 어둠은 우리의 판단력을 흐리게 한다. 우리가 상처를 받았을 때 어둠은 울적하고 외로움을 느끼게 한다. 어둠은 우리가 사람들을 밀어젖히고 중독을 일으키며 우리 자신의 부족함에 집중하게 하도록 하기 위해서 우울증, 증오, 혼란, 두려움을 사용하여 우리를 고립시키려고 한다. 그러나 하나님은 사람들을 감싸고 있는 어둠에서 그들을 끌어낼 수 있도록 우리를 빛으로 만드셨다. 어둠과 싸우는 유일한 방법은 하나님의 빛이 당신을 통해서 비추도록 의식적인 선택을 하는 것이다.

당신은 진정으로 하나님의 빛, 생명, 그리고 길을 잃고 죽어가는 세상에 대한 사랑의 등불이 될 수 있다. 당신의 삶은 매일 많은 사람들에게 영향을 미친다. 당신은 당신 주변의 삶의 어둠 속에 그분의 생명을 가져올 수 있다. 미소, 친절한 말, 사려 깊은 몸짓, 사려 깊은 반응, 공감하는 귀 또는 작은 친절한 행동은 누군가의 삶에 중대한 영향을 미칠 수 있다. 당신 안에 있는 그분의 빛은 낙담하고 상심한 사람들에게 소망을 가져다 줄 수 있고, 병들고 상처받은 사람들에게는 치유가 될 수 있고, 괴로운 사람들에게는 평안을, 지치고 곤궁에 처해 있는 사람들에게는 기쁨을, 길을 잃은 사람들에게는 방향을 제시할 수 있다. 당신은 진정으로 길을 잃고 죽어가는 세상에 하나님의 빛, 생명, 사랑의 등불이 될 수 있다. 섞이는 삶을 살기에 안주하지 말고, 당신은 이 세상의 빛이며, 주위 사람들에게 소망의 등불이라는 것을 기억하라. 자, 가서 어둠 속의 그 빛이 되어라!

I Am a Light in the Darkness

Darkness is all around us, seeking to dim our passion, hide our hope, and invade our peace. Christ has made you to be an example in this world—He wants His love and life to shine through you into the hearts of those around you. You are a light in the darkness!

Darkness takes many forms in people's lives. When we are depressed, it takes the form of heaviness; when we are angry, it clouds our judgement; when we are hurt, it feels cold and lonely. Darkness seeks to isolate us using depression, hate, confusion, and fear so we will push people away, develop addictions, and focus on our own inadequacies. But God has made us lights to pull people out of the darkness that envelops them. The only way to combat the darkness is to make the conscious choice to let God's light shine through you.

You can truly be a beacon of God's light, life, and love to a lost and dying world. Your life touches a great number of people every day. You can bring His life to the darkness in the lives around you. A smile, a kind word, a thoughtful gesture, a considerate response, a sympathetic ear, or a small act of kindness could have a significant effect on someone's life. His light in you can bring hope to the discouraged and heartbroken, healing to the sick and hurting, peace to a troubled mind, joy to the weary and distressed, and direction to those who have lost their way. Don't settle to live a life blending in; remember that you are a light in this world, a beacon of hope to those around you. Now, go and be that light in the darkness!

◈ 성경

"너희는 세상의 빛이라 산 위에 있는 동네가 숨겨지지 못할 것이요 사람이 등불을 켜서 말 아래에 두지 아니하고 등경 위에 두나니 이러므로 집 안 모든 사람에게 비치느니라 이같이 너희 빛이 사람 앞에 비치게 하여 그들로 너희 착한 행실을 보고 하늘에 계신 너희 아버지께 영광을 돌리게 하라"(마 5:14-16).

"너희가 전에는 어둠이더니 이제는 주 안에서 빛이라 빛의 자녀들처럼 행하라"(엡 5:8).

"예수께서 또 말씀하여 이르시되 나는 세상의 빛이니 나를 따르는 자는 어둠에 다니지 아니하고 생명의 빛을 얻으리라"(요 8:12).

◈ Scriptures

"You are the light of the world. You cannot hide a city that is on a mountain. Men do not light a lamp and put it under a basket. They put it on a table so it gives light to all in the house. Let your light shine in front of men. Then they will see the good things you do and will honor your Father Who is in heaven."

— MATTHEW 5:14-16 (NLV)

"You were once darkness, but now you are light in the Lord, so live your life as chil- dren of light."

— EPHESIANS 5:8 (CEB)

"Then Jesus again spoke to them, saying, "I am the Light of the world; he who follows Me will not walk in the darkness, but will have the Light of life."

— JOHN 8:12 (NASB)

◈ 당신의 삶에 이 말을 선포하라

나는 어둠 속의 빛이며 나를 보는 모든 사람들에게 소망의 등불이다. 나는 어둠속에서 겁을 먹고 머리를 숙이는 힘이 빠진 삶에 안주하지 않을 것이며, 내 안에 있는 빛을 비추게 하는 것을 두려워하지 않을 것이다. 나는 하나님의 영광을 위해 이 세상을 변화시킬 것이다. 질병, 죄, 고통을 통해 내 주변에 있는 모든 것들이 어떤식으로든 어떤 형태로든 나에게 영향을 미치지 않을 것이다. 나는 전능하신 하나님으로부터 위임받은 권위로 움직인다. 나는 어떤 형태로든 악이 내 영향력 영역에서 계속 존재하는 것을 거부한다. 내가 가는 곳마다 선함과 자비가 나를 따를 것이다. 이는 하나님이 내 안에 계시기 때문이다. 필요한 곳에 하나님이 나를 통해 그것을 성취하실 것이다. 상처가 있는 곳에 하나님이 나를 통해 위안을 주실 것이다. 나는 아버지, 당신의 빛이 매일 나를 통해 더욱 밝게 비추고 있다는 것을 선포하나이다.

I am light in the darkness, a beacon of hope to all who see me. I will not settle for a life spent cowering in the shadows, afraid to allow the Light inside me to shine. I will make a difference in this world for the glory of God. Though sickness, sin, and suffering are all around me, they shall by no means affect me in any way, shape, or form. I operate on delegated authority from God the Almighty, and I refuse to allow evil in any form to live on in my spheres of influence. Goodness and mercy shall follow me wher- ever I go, for God is within me. Where there is a need, God will fulfill it through me. Where there is hurt, God will provide comfort through me. I proclaim that your Light, Father, shines through me more brightly every day.

나는 이기는 자다

이 세상은 힘든 곳이 될 수 있다. 예수님은 우리가 이 세상에서 고난과 괴로움과 고통을 겪겠지만, 우리가 용감하고, 자신만만하고, 기가 꺾이지 않고, 기쁨으로 충만할 것이라고 말씀하셨다. 이는 그분이 세상을 이기셨기 때문이라고 말씀하셨다. 그분의 정복은 이루어졌고, 그분의 승리는 영속적이다. 당신은 이기는 자다. 하나님은 그분의 말씀을 통해 그것을 선포하셨고, 그것은 확고한 사실이다. 당신이 해야 할 일은 믿고 받아들이고 그것을 행동으로 옮기는 것이다. 죽은 자 가운데서 그리스도를 살리신 심지어 죽음까지 이기신 바로 생명을 주시는 같은 영이 당신 안에 살고 계신다!

당신이 어떤 문제로 패배하거나, 장애물로 낙담하거나, 압박으로 스트레스를 받는 것을 보시는 것이 우리 아버지의 뜻이 아니다. 당신이 삶을 선택하고, 당신이 그분의 은사를 활성화하고, 당신이 믿음으로 행동하기로 결정하고, 당신이 이기는 자로 즐겁게 충족된 삶을 사는 것이 그분의 확고한 소망이시다. 그러면 당신은 어떻게 극복할 것인가? 하나님의 말씀을 믿음으로 이기려는 당신의 믿음은 자신의 감정에 근거하는 것이 아니며, 당신이 얼마나 현명한가에 대한 조건도 아니다. 그것은 아무리 장애물을 극복할 수 없는 것처럼 보인다고 해도, 당신의 하나님이 그 반대편까지 당신을 꿰뚫어 보실 것이라는 흔들지 않는 믿음이다. 무엇보다도 하나님을 믿고 그분과 함께라면 이길 수 없는 것이 아무것도 없다는 것을 감히 믿어라. 가장 힘겨운 도전의 와중에도 감히 이겨내라. 불가능한 역경에 직면했을 때도 감히 이겨내라. 희망이 없어 보일 때 감히 이겨내라! 하나님께 기도하고 도움을 청하고, 하나님의 말씀이 당신의 상황에 대해 말씀하는 것을 찾고, 하나님의 말씀이 당신의 생각, 말, 행동을 인도하도록 하라. 이렇게 함으로써 당신은 이기는 자의 정체성에 발을 들여놓는 것이다.

I Am an Overcomer

This world can be a tough place. Jesus said that in the world we will have tribulation and distress and suffering, but to be coura- geous, be confident, be undaunted, and be filled with joy, for He has overcome the world. His conquest is accomplished, His victory abiding. You are an overcomer—God has decreed it through His Word, and it is an established fact. All you have to do is believe, receive, and act on it. The same life- giving, reality-shaping Spirit that raised Christ from the dead, overcoming even death, resides in you!

It is not the will of our Father to see you de- feated by a problem, discouraged by an obstacle, or stressed by pressure. It's His firm desire that you choose life, that you choose to activate His gifts, that you choose to operate in faith, and that you live the joyfully fulfilled life of an overcomer.

So how do you overcome? By faith in God's Word. Your faith to overcome is not based on how you feel, and it's not conditional on how good you are. It's an unwavering trust that no matter how insurmountable an obstacle looks, your God will see you through to the other side of it. Take the dare to trust God above all things and to trust that with Him there is nothing you can't over- come. In the midst of the most daunting of challenges, dare to overcome. When faced with impossible odds, dare to overcome. When hope seems lost, dare to overcome! Pray to God, ask for help, find what His Word says about your situation, and then let God's Word guide your thoughts, words, and actions. By doing this, you are stepping into the identity of an overcomer.

"무릇 하나님께로부터 난 자마다 세상을 이기느니라 세상을 이기는 승리는 이것이니 우리의 믿음이니라 예수께서 하나님의 아들이심을 믿는 자가 아니면 세상을 이기는 자가 누구냐"(요일 5:4-5).

"이것을 너희에게 이르는 것은 너희로 내 안에서 평안을 누리게 하려 함이라 세상에서는 너희가 환난을 당하나 담대하라 내가 세상을 이기었노라"(요 16:33).

"이기는 자는 이것들을 상속으로 받으리라 나는 그의 하나님이 되고 그는 내 아들이 되리라"(계 21:7).

◈ Scriptures

"For everyone born of God is victorious and overcomes the world; and this is the victory that has conquered and overcome the world—our [continuing, persistent] faith [in Jesus the Son of God]. Who is the one who is victorious and overcomes the world? It is the one who believes and recognizes the fact that Jesus is the Son of God."

- 1 JOHN 5:4-5 (AMP)

"I have told you these things, so that in Me you may have [perfect] peace. In the world you have tribulation and distress and suffering, but be courageous [be confident, be undaunted, be filled with joy]; I have overcome the world." [My conquest is accomplished, My victory abiding.]"

- JOHN 16:33 (AMP)

"He who overcomes [the world by adhering faithfully to Christ Jesus as Lord and Savior] will inherit these things, and I will be his God and he will be My son."

- REVELATION 21:7 (AMP)

◈ 당신의 삶에 이 말을 선포하라

나는 이기는 자이며, 주 안에서 그분의 힘의 능력에 강하다. 나는 나의 믿음 안에서 자신만만하고 용감하며 기가 꺾이지 않는다. 내가 고난과 시험, 시련을 겪을 때도 나는 이겨낼 것이다. 나는 괴로움, 좌절, 패배에 굴복하지 않을 것이다. 나는 하나님께 태어났다 그것이 나를 세상을 이기는 자가 되게 한다. 그리스도를 죽은 자 가운데서 살리신 바로 그 성령이 내 안에 살아 계신다. 나는 하나님에 의해 이 세상 삶에서 성공하도록 계획되었다. 나는 그분을 통해 내가 직면할 수 있는 어떤 장애물이나 도전을 극복할 수 있다. 불리한 상황에도 불구하고 그리고 실패에 관계없이 불가능해 보이는 상황에 직면했을 때도—나는 여전히 성령의 능력으로 이겨낼 것이다. 나는 절대 포기하지 않을 것이다. 나는 이길 때까지 싸울 것이다. 싸움은 주님의 것이고 승리는 나의 것이다. 나는 이기는 자다!

◈ Speak these words over your life

I am an overcomer, strong in the Lord and the power of His might. I am confident, courageous, and undaunted in my faith. Even when I experience tribulation, tests, and trials, I shall overcome. I will not succumb to distress, frustration, or defeat. I am born of God and that makes me a world- overcomer. The same Spirit that raised Christ from the dead lives in me. I have been designed by God to succeed in this life. Through Him I can overcome any obstacle or challenge I might face. In spite of adverse circumstances and regardless of the failures of the past, even when faced with what seems to be impossible situations—I will still overcome by the power of the Holy Spirit. I will never give up; I will fight until I win. The battle is the Lord's and the victory is mine. I am an overcomer!

나는 하나님의 자녀다

우리는 끊임없이 죄를 짓고, 매 순간 그분을 무시하며 나날을 보내고, 우리 삶에서 뭔가 필요한 일이나 위기가 일어날 때만 하나님께 나오는데, 하나님은 왜 우리를 그렇게 사랑스럽게 대하시는가? 왜 그분은 우리가 그분께 저지른 모든 범죄(그리고 여전히 저지르고 있는) 후에 인류를 구원하시기 위해 그분의 유일한 사랑하는 아들 예수님을 잔인한 죽음으로 몰아넣으셨을까? 그 모든 것에 근원적인 이유가 없는 한 우리를 위해서 하나님이 왜 이 모든 일을 하셨는지 말이 안된다. 우리는 결코 우리를 향한 그분의 무조건적인 사랑의 깊이를 파악할 수 없을지도 모른다. 하지만 하나님은 우리가 왜 여기 있는지 분명히 말씀하셨다. 그것은 그분은 자녀를 갖고 싶어하셨기 때문이다. 그분은 하인이나 고용인, 신하를 원하지 않으셨다. 그분은 아들이나 딸을 원하셨다.

당신은 왜 태어났는지 궁금한 적이 있었는가?

그분은 당신을 원하셨다.

당신은 그분의 자녀다. 당신이 엉망으로 만들어도 당신은 여전히 그분의 자녀다. 당신이 행복할 때, 성공할 때, 그리고 특히 당신이 그분과 시간을 보낼 때 당신의 아버지께 기쁨을 드리는 것이다! 그분은 당신과 친해지고 당신과 함께 삶을 살고 싶어하신다. 성경의 모든 "규칙"은 당신의 사랑과 헌신을 입증할 수 있도록 하기 위해서 마련되어 있지 않다. 그것은 당신을 보호하고 가능한 한 가장 성취하는 삶을 살도록 돕기 위해 그곳에 있다. 하나님이 행하신 모든 일은 당신을 위한 그분의 사랑에서 나온 것이다. 그래서 그분이 그분의 마음에 있는 가장 소중한 분, 예수님을 당신을 위해서 죽으시도록 보내신 이유이다. 그분은 당신이 그분께 얼마나 소중한지 보여주시기 위해 그렇게 하셨고, 그래서 그분은 당신과 함께 영원히 보내실 수 있다. 천국은 당신이 없이는 예전과 같지 않을 것이다.

I Am a Child of God

Why does God treat us so lovingly when we sin constantly, spend our days ignoring Him at every turn, and only come to Him when we need something or a crisis happens in our life? Why would He send His only beloved Son, Jesus, to die a brutal death to save mankind after all of the crimes we have committed against Him (and still commit)? It makes no sense why God would do all of this for us unless there was an underlying reason for all of it. We may never be able to grasp the depth of His unconditional love for us, but God makes it clear why we are here—it's because He wanted to have children. He didn't want a servant, an employee, or a subject—He wanted a son or a daughter.

Have you ever wondered why you were born?

He wanted you.

You are His child; even when you mess up, you are still His. It brings joy to your Father when you are happy, when you succeed, and especially when you spend time with Him! He wants to be close to you and walk through life with you. All of the "rules" of the Bible are not set up so you can prove your love and devotion; they are there to protect you and help you live the most fulfilling life possible. Everything God has done has been out of His love for you. That's why He sent the dearest thing to His heart, Jesus, to die for you. He did it to show you just how valuable you are to Him and so He can spend eternity with you. You're His child, and heaven wouldn't be the same without you.

"너희에게 아버지가 되고 너희는 내게 자녀가 되리라 전능하신 주의 말씀이니라 하시니라"(고후 6:18).

"보라 아버지께서 어떠한 사랑을 우리에게 베푸사 하나님의 자녀라 일컬음을 받게 하셨는가 우리가 그러하도다 그러므로 세상이 우리를 알지 못함은 그를 알지 못함이라"(요일 3:1).

"너희가 다 믿음으로 말미암아 그리스도 예수 안에서 하나님의 아들이 되었으니 누구든지 그리스도와 합하기 위하여 세례를 받은 자는 그리스도로 옷입었느니라"(갈 3:26-27).

◈ Scriptures

"And, I will be a Father to you, and you will be my sons and daughters, says the Lord Almighty."
- 2 CORINTHIANS 6:18 (NIV)

"See how very much our Father loves us, for he calls us his children, and that is what we are! But the people who belong to this world don't recognize that we are God's chil- dren because they don't know him."
- 1 JOHN 3:1 (NLT)

"For you [who are born-again have been reborn from above—spiritually trans- formed, renewed, sanctified and] are all children of God [set apart for His purpose with full rights and privileges] through faith in Christ Jesus."
- GALATIANS 3:26 (AMP)

◈ 당신의 삶에 이 말을 선포하라

나는 전능하신 분의 자녀로, 그 지위에 포함되는 모든 권리와 특권, 축복을 가지고 있다. 우주를 창조하신 분이 나의 아버지시다. 그분은 무조건 나를 사랑하신다. 그분은 내가 성공하기를 원하신다. 그분은 내가 필요한 모든 것을 충족시켜 주신다. 그분은 내 뒤를 봐주시고, 그분은 내 편이시다. 그분은 내가 엉망으로 만들 때 용서해주신다. 그분은 나를 지켜보신다. 그분은 내가 관심을 갖는 것에 관심을 쓰신다. 내가 이 세상 삶에서 어떤 고난에도 불구하고, 내가 삶을 즐기고, 성공하고, 그분을 믿는 것을 보시게 하는 것이 그분께 기쁨을 드리는 것이다. 그분은 나를 지탱해 주시고, 나를 위로하시고 인도하시기 위해 그분의 영을 보내셨다. 나는 그분의 자녀다. 그분은 나의 아버지시다. 아버지의 사랑과 나를 분리시킬 수 있는 힘은 존재하지 않는다.

◈ Speak these words over your life

I am a child of the Almighty, with all the rights, privileges, and blessings that go with that position. The Creator of the universe is my Father. He loves me unconditionally. He wants me to succeed. He provides for all my needs. He's got my back, He is on my side. He forgives me when I mess up. He watches over me. He cares about what I care about. It gives Him pleasure to see me enjoying life, to see me succeeding, to see me trusting in Him despite any hardship this life throws at me. He sustains me; He sent His spirit to comfort and guide me. I am His child. He is my Father. There is not a power in existence that can disconnect me from the love of my Father.

나는 선택 받았다

하나님은 당신이 태어나기 전에 당신을 선택하셨다. 심지어 당신이 그분이 존재하신다는 것을 알기 전부터 그분은 당신을 지켜보고 계셨다. 하나님은 특별히 당신을 엄선하셨다. 당신은 하나님의 선택자다. 당신은 절망에 빠진 세상에 소망을 불어넣으시려고 그분이 추구하시는 일에 그분의 고귀한 제사장의 일원이며 형제자매다. 당신은 이 세상에 목적이 있고, 당신이 저지른 실수와 상관없이, 현재 당신의 삶의 상황이 어디에 있든지, 당신이 어떤 책임을 지고 있는지, 당신이 아무리 불안하고 약하다고 느끼든, 하나님은 여전히 당신을 선택하신다!

그분은 당신의 삶을 위한 큰 계획을 가지고 계시고, 그분은 당신이 그것들을 성취하는데 필요한 지원을 하시는 분이시다. 하나님은 당신의 운명을 성취하게 하시고 그분의 백성을 도우시기 위해 그분의 기쁨, 평화, 지혜, 통찰력, 자신감, 힘을 주신다. 그분은 당신에게 당신의 모든 자질과 재능, 열정을 주셨다. 당신은 우주의 창조주께 선택을 받았다. 이 단언을 받아들이고 그것이 당신에게 그분이 당신 안에 두신 열정과 꿈을 따르도록 힘을 부여하라. 문제는, 당신이 하나님을 선택할 것인가 하는 것이다.

하나님이 당신의 삶에서 중요한 역할을 하시도록 허락하든 말든 그것은 당신의 선택이다. 불안과 두려움이 많은 사람들에게 하는 것처럼 불안과 두려움이 당신의 꿈에서 삶을 질식시키지 않도록 하라. 대신, 당신의 열정 뒤에 믿음을 두고, 모든 역경에 맞서서 당신은 하나님이 당신을 부르신 사람이 될 것이라고 믿으라. 당신이 항상 할 수 있다고 꿈꿔왔던 사람이 되라! 반대에 맞서고, 잠재적인 당혹감에 맞서고, 작은 생각과 작은 삶에 억제되거나 제약받지 않는 불타는 열정으로 미지의 위기에 대한 두려움에 맞서라. 하나님은 그분이 선택하신 사람을 실망시키지 않으실 것이다.

I Am Chosen

God chose you before you were born. He's had a watchful eye on you since before you knew He even existed. God has specially handpicked you; you are God's elect. You are part of His royal priesthood, a brother or sister in His pursuit to bring hope to a world in despair. You have a purpose on this earth, and regardless of the mistakes you've made, where your current situation in life is, what responsibilities you have—no matter how insecure and weak you may feel—God still picks you!

He has big plans for your life, and He is the support you need to accomplish them. God gives you His joy, peace, wisdom, insight, confidence, and strength to accom- plish your destiny and to help His people. He's given you all of your gifts, talents, and passions. You are chosen by the Creator of the universe; accept this affirmation and let it empower you to follow the passions and dreams He has placed inside you. The ques- tion is, will you choose God?

It is your choice whether you allow God to play a significant role in your life or not. Don't let insecurity and fear choke the life out of your dreams like it has with so many. Instead, put faith behind your passion and believe that against all odds you will be who God has called you to be. Be the man or woman you have always dreamed you could be! Face the opposition, face the potential embarrassment, and face the fear of the unknown head on with a fiery passion untamed and unhindered by small thinking and small living. God will not let down His chosen.

"그러나 너희는 택하신 족속이요 왕 같은 제사장들이요 거룩한 나라요 그의 소유가 된 백성이니 이는 너희를 어두운 데서 불러 내어 그의 기이한 빛에 들어가게 하신 이의 아름다운 덕을 선포하게 하려 하심이라"(벧전 2:9-10).

"곧 창세 전에 그리스도 안에서 우리를 택하사 우리로 사랑 안에서 그 앞에 거룩하고 흠이 없게 하시려고"(엡 1:4).

"모든 일을 그의 뜻의 결정대로 일하시는 이의 계획을 따라 우리가 예정을 입어 그 안에서 기업이 되었으니"(엡 1:11).

◈ Scriptures

"But you are the ones chosen by God, chosen for the high calling of priestly work, chosen to be a holy people, God's instru- ments to do his work and speak out for him, to tell others of the night-and-day difference he made for you—from nothing to some- thing, from rejected to accepted."

- 1 PETER 2:9-10 (MSG)

"Even as [in His love] He chose us [actu- ally picked us out for Himself as His own] in Christ before the foundation of the world, that we should be holy (consecrated and set apart for Him) and blameless in His sight, even above reproach, before Him in love."

- EPHESIANS 1:4 (AMPC)

"Furthermore, because we are united with Christ, we have received an inheritance from God, for he chose us in advance, and he makes everything work out according to his plan."

- EPHESIANS 1:11 (NLT)

◈ 당신의 삶에 이 말을 선포하라

나는 하나님께 선택받았다. 나는 하나님이 택하신 세대의 일원이다. 나는 하나님이 엄선하셨다. 그분은 내 삶의 계획과 목적을 가지고 계신다. 하나님이 나를 위해서 가지고 계시는 운명을 성취할 것이다. 하나님은 그분의 나라를 위해서 쓰실 자질과 재능을 내 안에 두셨다. 나는 나 자신의 불충분한 생각이 하나님의 선택에서 오는 자신감을 빼앗아가도록 용납하지 않을 것이다. 나는 내가 어디가 약한지를 안다, 하나님은 강하시다. 하나님은 그분이 내 앞에 두신 어떤 일을 위해서 나에게 모든 것을 갖추게 하시고, 권능을 부여하시고, 준비하게 하신다. 나는 이와 같은 시간 동안 이 땅에 오도록 선택되었다. 나는 하나님이 내가 성취하도록 정하신 목적이 있다. 나는 주님 보시기에 내가 얼마나 중요한지 알고 매일 자신 있게 걸을 것이다.

◈ Speak these words over your life

I am chosen by God; I am part of His chosen generation. I was handpicked by God. He has a plan and purpose for my life. I will fulfill the destiny God has for me. God has placed gifts and talents inside me to be used for His kingdom. I will not allow thoughts of my own inadequacies to rob me of the confi- dence that comes from being chosen of God. I know where I am weak, God is strong. God equips, empowers, and makes me ready for any task which He has set before me. I was chosen to come into this earth for such a time as this; I have a purpose that God has destined for me to fulfill. I will walk in confi- dence daily knowing just how much I matter in the eyes of the Lord.

나는 의롭다

당신은 그리스도의 의(義)다! 이 진술은 단순히 당신이 하나님과 올바른 위치에 있다는 것을 의미한다. 그리스도께서 십자가에서 죽으시고, 우리의 죄, 곧 과거, 현재, 미래의 죄에 대한 대가를 치르시고, 그 죄를 자기 자신의 의(義)로 대체하셨다. 예수님은 우리가 그분이 하나님과 가지셨던 같은 관계와 권리를 가질 수 있도록 그 일을 하시기 위해 이 땅에 오셨다. 예수님은 우리의 죄 대신해 우리에게 하루 중 아무 때나 하나님께 다가가고, 친구로서 하나님과 대화하고, 하나님을 아버지라고 부르고, 부끄러움 없이 하나님을 의지하는 그분의 능력을 주셨다. 그것이 그리스도의 의(義)가 된다는 뜻이다. 하나님은 예수님 때문에 우리를 예수님처럼 보신다. 성경은 아담이 죄악으로 우리를 하나님과 분리시켰지만 예수님은 그분의 의(義)로 우리를 아버지와 연결시켜 주신다.

하나님이 여러분이 고통받고 수치심에 시달리며 죄의식에 얽매이고, 여러분이 벌을 받아야 마땅하고 용서받지 못하는 것처럼 느끼는 것을 보시면, 하나님을 아프게 하는 것이다. 그분은 당신이 그렇게 느낄 필요가 없도록 모든 것을 주셨다. 그분은 당신을 사랑하시고, 마치 예수님처럼 당신을 티끌 하나 없이 보신다. 당신은 그분의 자녀다. 그분은 당신이 그분의 앞에서 대담해지기를 바라시고, 그분께 다가갈 때 당신이 수치스러운 것처럼 행동하지 않기를 바라신다. 예수 그리스도의 피가 당신이 가진 어떤 죄보다 더 강력하다고 믿으라. 당신의 과거는 당신을 괴롭힐 수 없고, 현재는 안전하며, 당신의 미래는 밝다. 당신이 그리스도의 의(義)라고 믿으라.

I Am Righteous

You are the righteousness of Christ! This statement simply means that you are in right standing with God. When Christ died on the cross, He paid the cost for our sins—past, present, and future—and He replaced them with His own righteousness. Jesus came to this earth to make that trade so that we could have the same relationship and right standing with God that He did. Jesus gave us His ability to approach God any time of day, to talk to God as a friend, to call God Father, and to depend on God without shame—all in exchange for our sin. That's what it means to be the righteousness of Christ— God sees us like He does Jesus, because of Jesus. The Bible says Adam separated us from God by sin, but Jesus connects us to the Father through His righteousness.

When God sees you in pain and being tortured by shame, bound by guilt, and feeling as if you deserve to be punished and not forgiven, it hurts Him.

He gave every- thing so you wouldn't have to feel that way. He loves you, and He sees you spotless, just like Jesus. You are His child, and He wants you to be bold in His presence, not to act like you're a disgrace when you approach Him. Believe that the blood of Jesus Christ is more powerful than any sin you've committed— your past can't haunt you, your present is secure, and your future is bright. Believe you are the righteousness of Christ.

"하나님이 죄를 알지도 못하신 이를 우리를 대신하여 죄로 삼으신 것은 우리로 하여금 그 안에서 하나님의 의가 되게 하려 하심이라"(고후 5:21).

"곧 예수 그리스도를 믿음으로 말미암아 모든 믿는 자에게 미치는 하나님의 의니 차별이 없느니라"(롬 3:22).

"한 사람의 범죄로 말미암아 사망이 그 한 사람을 통하여 왕 노릇 하였은즉 더욱 은혜와 의의 선물을 넘치게 받는 자들은 한 분 예수 그리스도를 통하여 생명 안에서 왕 노릇 하리로다"(롬 5:17).

◈ Scriptures

"For our sake He made Christ [virtually] to be sin Who knew no sin, so that in and through Him we might become [endued with, viewed as being in, and examples of] the righteousness of God [what we ought to be, approved and acceptable and in right rela- tionship with Him, by His goodness]."

- 2 CORINTHIANS 5:21 (AMPC)

"Namely, the righteousness of God which comes by believing with personal trust and confident reliance on Jesus Christ (the Messiah). [And it is meant] for all who believe. For there is no distinction,"

- ROMANS 3:22 (AMPC)

"If death ruled because of one person's failure, those who receive the multiplied grace and the gift of righteousness will even more certainly rule in life through the one person Jesus Christ."

- ROMANS 5:17 (CEB)

◈ 당신의 삶에 이 말을 선포하라

성경은 우리가 하나님의 의(義)로 지음을 받았다고 말씀한다. 그러므로 하나님의 말씀에 순종하여 나는 내가 그리스도 안에서 하나님의 의(義)라고 담대하게 고백한다. 나의 선함도 아니고, 내 안이 거룩하기 때문도 아니라 나의 구세주 예수님이 흘리신 피를 통해서다. 그분의 의(義)는 나에게 주신 그분의 선물이며, 나는 그리스도의 희생을 진심으로 받아들임으로써 그것을 기릴 것이다. 나는 나의 하늘의 아버지 앞에서 의롭게 되었고 받아들여졌다. 어느 누가 나에게, 나에 관해서 말하는 어떤 것도 그것을 바꿀 수 없다. 나는 도움이 필요할 때 과감하게 하나님께 나아가서 은혜와 자비를 얻을 수 있다. 나는 내가 한 일 때문이 아니라 예수님이 나를 위해 해주신 일 때문에 의롭다.

◈ Speak these words over your life

The Bible says we have been made the righteousness of God, therefore in obedience to God's Word I boldly confess that I am the righteousness of God in Christ. Not by my goodness, not because I am holy within myself, but through the shed blood of Jesus, my Savior. His righteousness is His gift to me, and I will honor Christ's sacrifice by accepting it wholeheartedly. I have been made righteous and acceptable in the pres- ence of my heavenly Father, and nothing that anyone says to me or about me can ever change that. I can go to God boldly when I need help and obtain grace and mercy. I am righteous not because of what I have done, but because of what Jesus has done for me.

나는 사랑 받는다

당신이 누구든, 무엇을 했든, 당신이 어디에서 왔든, 당신의 삶의 신분에 상관없이 하나님은 당신을 사랑하시고 당신을 사랑하시는 것을 결코 멈추지 않으실 것이다. 당신의 업적도, 실패도, 당신의 승리도, 당신의 패배도, 당신에게 그분의 사랑에 대한 자격을 갖추게 하거나 자격을 박탈하지 않는다. 당신이 하거나 하지 않는 어떤 것도 하나님이 더 많게 또는 더 적게 사랑하시도록 할 수 없을 것이다. 그 진실이 당신을 자유롭게 하도록 하라.

하나님이 당신을 바라보실 때, 그분은 영원히 그분 자신이 소유하셨던 가장 귀중한 분, 예수 그리스도께 대가를 치르는 것이 당신에게 너무 비싸다고 생각하지 않으신다. 그분은 모든 피조물과 영원을 위해 당신을 향한 그분의 헤아릴 수 없는 그리고 만질 수 없는 사랑을 보여 주셨다. 그런 사랑은 우리가 이 세상에서 보는 모든 것과 너무나 상반되기 때문에 이해하기 어렵다. 그분의 사랑은 바꾸거나, 변하거나, 멈출 수 없다. 무조건적이다. 당신은 그것을 얻을 수 없고, 그것을 받을 만한 충분한 선행을 할 수 없으며, 그분이 그것을 빼앗아가실 만큼 나쁜 짓을 할 수 없다. 하지만 당신이 받아들이든 안 받아들이든 그것은 당신에게 달려 있다.

당신이 죄를 지을 때는 하나님께로부터 도망치지 말라. 그 죄가 얼마나 크고 나쁘고 추악했는지에 상관없이 하나님께 달려가라. 이는 하나님이 그 죄에 당황하지 않으시기 때문이다. 당신이 할 수 있는 일은 예수님이 십자가에서 이미 하신 일보다 더 강력한 것은 없다. 하나님이 당신의 삶의 속박을 깨시고, 당신의 어깨의 무게를 들어 올리시고, 죄책감을 없애시고, 당신의 고통을 치유하시고, 당신의 걱정을 제거하시고, 당신의 두려움을 하나님과 친밀한 관계를 통해 생긴 믿음으로 대체하도록 하라. 그분은 그분의 사랑으로 평화와 기쁨의 삶으로 당신을 회복시키를 원하신다. 기뻐하라, 이는 당신은 사랑을 받고 있기 때문이다!

I Am Loved

Whoever you are, whatever you have done, wherever you are from, no matter your station in life, God loves you and will never stop loving you. Neither your accomplish- ments nor your failures, your victories nor your defeats, qualify you or disqualify you for His love. Nothing you do or don't do will make God love you any more or any less. Let that truth set you free.

When God looks at you, He doesn't think paying with the most precious thing He had in all of eternity, Jesus Christ, was too high of a price for you. He displayed for all creation and eternity His immeasurable and untouchable love for you. That kind of love is difficult to comprehend, because it is so contrary to everything we see in this world. His love cannot be altered, changed, or stopped. It's unconditional. You can't earn it, you can't do enough good deeds to deserve it, and you can't do enough bad deeds for Him to take it away. But it is up to you whether you accept it or not.

When you sin, don't run from God—run to Him regardless of how big, bad, and ugly your sins have been, because God is not fazed by it. Nothing you can do is more powerful than what Jesus already did at the cross. Let Him break the bondage in your life, lift the weights off your shoulders, rid you of your guilt, heal your pain, take your worry, and replace your fear with faith born through an intimate relationship with Him. He wants to restore you with His love to a life of peace and joy. Rejoice, for you are loved!

◈ 성경

"내가 확신하노니 사망이나 생명이나 천사들이나 권세자들이나 현재 일이나 장래 일이나 능력이나 높음이나 깊음이나 다른 어떤 피조물이라도 우리를 우리 주 그리스도 예수 안에 있는 하나님의 사랑에서 끊을 수 없으리라"(롬 8:38-39).

"하나님이 세상을 이처럼 사랑하사 독생자를 주셨으니 이는 그를 믿는 자마다 멸망하지 않고 영생을 얻게 하려 하심이라"(요 3:16).

"사랑은 언제까지나 떨어지지 아니하되 예언도 폐하고 방언도 그치고 지식도 폐하리라"(고전 13:8).

"긍휼이 풍성하신 하나님이 우리를 사랑하신 그 큰 사랑을 인하여 허물로 죽은 우리를 그리스도와 함께 살리셨고(너희는 은혜로 구원을 받은 것이라"(엡 2:4-5).

◈ Scriptures

"For I am convinced [and continue to be convinced—beyond any doubt] that neither death, nor life, nor angels, nor principalities, nor things present and threatening, nor things to come, nor powers, nor height, nor depth, nor any other created thing, will be able to separate us from the [unlimited] love of God, which is in Christ Jesus our Lord."

- ROMANS 8:38-39 (AMP)

"For God so loved the world, that he gave his only begotten Son, that whosoever believeth in him should not perish, but have everlasting life."

- JOHN 3:16 (KJV)

"Love never fails [it never fades nor ends]….."

- 1 CORINTHIANS 13:8A (AMP)

"But because of his great love for us, God, who is rich in mercy, made us alive with Christ even when we were dead in transgres- sions—it is by grace you have been saved."

- EPHESIANS 2:4-5 (NIV)

◈ 당신의 삶에 이 말을 선포하라

나에 대한 하나님의 사랑은 변함없는 사실이다. 하나님의 나를 향한 사랑은 내가 저지른 어떤 죄보다도 크며, 내가 겪은 어떤 실패보다도 크다. 내가 하는 일, 다른 사람이 하는 일, 그리고 마귀가 하는 일은 하나님의 사랑과 나를 분리시킬 수 없다. 죽음도, 삶도, 천사도, 통치자도 나를 그분의 사랑과 분리시킬 수 없다. 나에 대한 하나님의 사랑은 영원하다. 그분의 사랑은 경계를 모른다. 그분의 사랑은 결코 나를 믿거나 나에게 손을 뻗는 것을 포기하지 않는다. 내 삶에서 가장 어두운 시기에는 하나님의 사랑이 나를 위해 있다. 내가 계속할 수 없다고 생각할 때. 그분의 사랑은 나를 위로하고, 그분의 사랑은 나를 지탱하며, 그분의 사랑은 내 영혼을 격려하고 나의 소망을 회복시킨다. 하나님의 사랑은 영원히 지속되며, 그분은 나를 사랑하신다.

◈ Speak these words over your life

God's love for me is an unchangeable fact. God's love for me is greater than any sin I have committed, greater than any failure I have had. Nothing I do, nothing other people do, and nothing the devil does can separate me from God's love. Not death, nor life, nor angels or principalities can separate me from His love. God's love for me is eternal. His love knows no boundaries; it never gives up believing in me or reaching out to me. God's love is there for me in the darkest times in my life; when I think I can't go on. His love comforts me, His love sustains me, and His love encourages my soul and restores my hope. God's love endures forever, and He loves me.

나는 대사다

사전은 대사를 한 주권국가가 다른 주권국가로 파견하는 최고위급 외교관으로 상주대표로 규정하고 있다. 성경은 우리가 그리스도의 대사이며 하나님이 우리를 통해 잃어버린 세계에 그분의 호소를 하고 계신다고 분명히 말씀한다. 우리는 그리스도의 개인적인 대표자다! 이것은 당신이 이 땅에서 그리스도의 신성한 대표자임을 의미한다. 당신은 그리스도와 천국의 대사다.

하나님은 상한 자를 만지시고, 상처를 치유하시고, 관계를 회복시키시고, 평화를 심어주시고, 기쁨을 증진시키시며, 이 세상에서 그분의 대변인과 대사인 당신을 통해 불안한 자를 단념시키신다. 하나님의 대표자로서 우리는 하나님께 영광을 돌려드리는 그런 방식으로 행동해야 할 의무와 특권을 가지고 있다. 우리는 이 세상과 결합하기 위해 여기에 있는 것이 아니다. 그러나 그리스도인으로서 너무 자주 우리는 주변 사람들과 관계를 맺기 위해 우리의 문제를 혼합하고 높이려고 한다. 결국 우리는 우리가 돕고 자 하는 사람들처럼 상처받고, 깨지고, 혼란스러워진다.

그리스도의 대사로서 우리는 예수님이 하셨던 것처럼 사랑하며 세상에서 살아가야 하지만 세상과 같지 않아야 세상을 도울 수 있다. 많은 사람들이 우리를 통해서 하나님을 보아야 하고 우리를 통해서 그들이 읽을 유일한 성경이 되어야 한다. 예수님의 속성이 우리 삶에서 뚜렷이 드러나야 한다는 이 말을 명심해야 한다. 사람들이 갈망하는 것은 우리가 가지고 있는 기쁨과 평화다. 사람들이 필요로 하는 사랑을 보여주는 것은 인내심과 관대함이다. 사람들이 존중하고 신뢰하는 것은 자제력과 진실성이다. 우리를 이기적인 사회에서 분리시키는 것은 우리의 관대함이다. 그것이 그리스도의 대사가 되는 것이 무엇을 의미하는가에 대한 열과 성을 다하는 것이다.

I Am an Ambassador

The dictionary defines an ambassador as a diplomatic official of the highest rank who is sent by one sovereign nation to another as its resident representative. The Bible says plainly that we are Christ's ambassadors and God is making His appeal to a lost world through us. We are Christ's personal representatives! This means that you are a divine representative of Christ on this earth; you are an ambassador for Christ and the Kingdom of Heaven.

God touches the broken, brings healing to the hurting, restores relationships, instills peace, promotes joy, and affirms the inse- cure through you—His spokesperson and ambassador on this earth. As God's repre- sentatives, we have a duty and privilege to behave in such a manner that brings honor to God. We are not here on earth to fuse with it, and too often as Christians we try to blend in and exalt our problems in an attempt to relate to those around us. We end up hurt, broken, and confused like the people we are trying to help.

As ambassadors of Christ we are to walk in love like Jesus did, to live in the world but not like the world so we can help the world. For many people, we are the only God they will ever see, and we are the only Bible they will ever read. With this is mind, the attrib- utes of Jesus should be evident in our lives. It's the joy and peace we have that people crave; it's the patience and gentleness that displays a love that people need; it's self- control and in-tegrity that people respect and trust; and it's our generosity that separates us from a selfish society. That is the heart and soul of what it means to be an ambas- sador of Christ.

◈ 성경

"그러므로 우리가 그리스도를 대신하여 사신이 되어 하나님이 우리를 통하여 너희를 권면하시는 것 같이 그리스도를 대신하여 간청하노니 너희는 하나님과 화목하라"(고후 5:20).

"그러나 우리의 시민권은 하늘에 있는지라 거기로부터 구원하는 자 곧 주 예수 그리스도를 기다리노니"(빌 3:20).

"열두 제자를 부르사 둘씩 둘씩 보내시며 더러운 귀신을 제어하는 권능을 주시고"(막 6:7).

"그러므로 사랑을 받는 자녀 같이 너희는 하나님을 본받는 자가 되고 그리스도께서 너희를 사랑하신 것 같이 너희도 사랑 가운데서 행하라 그는 우리를 위하여 자신을 버리사 향기로운 제물과 희생제물로 하나님께 드리셨느니라"(엡 5:1-2).

◈ Scriptures

"So we are Christ's ambassadors, God making His appeal as it were through us. We [as Christ's personal representatives] beg you for His sake to lay hold of the divine favor [now offered you] and be reconciled to God."

- 2 CORINTHIANS 5:20 (AMPC)

"But our citizenship is in heaven. And we eagerly await a Savior from there, the Lord Jesus Christ,"

- PHILIPPIANS 3:20 (NIV)

"And He called to Him the Twelve [apos- tles] and began to send them out [as His ambassadors] two by two and gave them authority and power over the unclean spirits."

- MARK 6:7 (AMPC)

"Therefore become imitators of God [copy Him and follow His example], as well- beloved children [imitate their father];"

- EPHESIANS 5:1 (AMPC)

◈ 당신의 삶에 이 말을 선포하라

나는 지극히 높으신 하나님과 그분의 나라의 대사다. 나는 명예와 정직과 존엄으로 나의 아버지를 대표할 것이다. 나는 하나님 앞에서 순결하고 거룩한 삶을 살 것이다. 나는 이 세상에 대한 하나님의 사랑과 평화, 자비의 대사다. 나는 다른 사람들과 나 자신의 실수와 단점을 재빨리 용서한다. 나는 하나님의 치유 능력의 대사로서 언제나 축복이 될 준비가 되어 있고 다른 사람들에게 격려와 소망, 치유의 말을 전한다. 나는 성령과 그분의 기름 부음의 능력과 권능의 대사이며 그것이 대표하는 모든 것이다. 나는 자신감 있고 평화로운 정신으로 역경과 재난에 대응한다. 나는 나의 믿음이 확고하고 흔들림이 없다. 하나님은 나의 일에 대한 그분의 능력과 통찰력을 주신다. 나는 항상 그분을 기쁘시게 하는 방식으로 내 삶을 영위하기 위해 노력할 것이다.

◈ Speak these words over your life

I am an ambassador of the Most High God and His Kingdom. I will represent my Father with honor, integrity, and dignity. I will live a life of purity and holiness before God. I am an ambassador of God's love, peace, and mercy to this world. I am quick to forgive the mistakes and shortcomings of others and myself. I am an ambassador of God's healing power, ready and available to be a blessing at all times and speak words of encouragement, hope, and healing to others. I am an ambassador of the power and might of the Holy Spirit and His anointing, and all it represents. I respond to adversity and calamity with a confident and peaceful spirit. I am resolute and undaunted in my faith. God provides His ability and His insight concerning my affairs. I will endeavor to conduct my life at all times in a manner that will be pleasing to Him.

나는 구속 받았다

아담의 불순종은 죄와 죽음이 세상에 들어갈 수 있는 문을 열어 사람들을 하나님과 분리시켰다. 하나님은 그분의 자녀들이 죄의 영향으로 고통받는 것을 보시고 죄값을 치르시고 인류를 구속하시도록 예수님을 보내셨다. 아담의 불순종은 죄와 죽음이 세상에 들어오도록 문을 열어주었고, 사람들을 하나님과 분리시켰다. 하나님은 죄의 영향으로 고통받는 자녀들을 보시고 예수님을 보내셔서 죄의 대가를 치르게 하시고 인류를 구원하셨다. 무언가를 상환하는 것은 지불을 대가로 그것을 얻거나 되찾는 것이다. 당신이 구속받았다고 말할 때, 당신은 "하나님이 당신을 다시 사셨다"고 선언하는 것이다!

이 세상은 죄의 모든 영향으로 인해 부패한 상태에 있다. 병, 질병, 가난, 전염병, 결핍, 모든 종류의 상처, 그리고 극악무도한 모든 것이 이 세상에 들어왔다. 신명기 28장은 불순종과 죄의 결과로 사람들이 직면하는 모든 종류의 끔찍한 고통을 열거한다. 이 목록은 율법의 저주로 알려져 있다. 나쁜 것은 모두 저주라고 분명히 말씀한다. 하지만 저주가 당신의 주위에서 큰 재앙을 초래할지 모르지만, 당신은 구속을 받았기 때문에 그것은 당신을 지배할 아무런 힘이 없다!

당신은 죽음으로 이어지는 고통의 삶을 살 운명이었다. 그러나 우리의 삶이 될 이 고통이 하나님께서 견디실 수 없으셨기 때문에, 당신이 심판받을만한 모든 일을 했음에도 불구하고 그분은 당신을 다시 사주셨다. 그분은 당신을 불운한 존재의 손아귀에서 당신을 뜯어내시고 그분의 가족의 일원으로 받아들이셨다. 당신은 저주에서 벗어나 그분의 축복으로 구속되었다. 그분의 구속은 여기 그리고 지금, 과거, 현재, 미래를 위해 당신을 덮는다. 당신은 그리스도의 피로 산 하나님의 자녀다. 당신은 다시 한 번 하나님의 것이다. 이는 당신이 구속받았기 때문이다.

I Am Redeemed

Adam's disobedience opened the door for sin and death to enter the world, separating people from God. Seeing His children suffering due to the effects of sin, God sent Jesus to pay the price of sin and redeem mankind. To redeem something is to gain or regain possession of it in exchange for payment. When you say you are redeemed, you are declaring that God bought you back!

This world is in a state of decay from all the effects of sin. Sickness, disease, poverty, pestilence, lack, every kind of hurt, and everything that is diabolical has come upon the earth. Deuteronomy 28 lists every sort of terrible affliction that people face as the result of their disobedience and sin. This list is known as the Curse of the Law. It clearly says that everything that is bad is of the curse. But though the curse may wreak havoc all around you, it has no power over you because you are redeemed!

You were destined for a life of pain leading to

death. But because this misery that was to be our lives was unbearable to God, despite all that you have done to deserve judgment, He bought you back. He ripped you out of the clutches of a doomed existence and accepted you as part of His family. You are redeemed out of the curse and into His blessings. His redemption covers you for the here and now, past, present, and future. You are God's child, bought by the blood of Christ. You are God's once again, for you are redeemed.

◈ 성경

"우리는 그리스도 안에서 그의 은혜의 풍성함을 따라 그의 피로 말미암아 속량 곧 죄 사함을 받았느니라 이는 그가 모든 지혜와 총명을 우리에게 넘치게 하사"(엡 1:7-8).

"그가 우리를 대신하여 자신을 주심은 모든 불법에서 우리를 속량하시고 우리를 깨끗하게 하사 선한 일을 열심히 하는 자기 백성이 되게 하려 하심이라"(딛 2:14).

"그리스도께서 우리를 위하여 저주를 받은 바 되사 율법의 저주에서 우리를 속량하셨으니 기록된 바)나무에 달린 자마다 저주 아래에 있는 자라 하였음이라"(갈 3:13).

"너희는 하나님으로부터 나서 그리스도 예수 안에 있고 예수는 하나님으로부터 나와서 우리에게 지혜와 의로움과 거룩함과 구원함이 되셨으니"(고전 1:30).

◈ Scriptures

"In him we have redemption through his blood, the forgiveness of sins, in accordance with the riches of God's grace that he lavished on us. With all wisdom and understanding,"

- EPHESIANS 1:7-8 (NIV)

"Who gave himself for us to redeem us from all wickedness and to purify for himself a people that are his very own, eager to do what is good."

- TITUS 2:14 (NIV)

"Christ purchased our freedom and redeemed us from the curse of the Law and its condemnation by becoming a curse for us"

- GALATIANS 3:13 A (AMP)

"But it is from Him that you are in Christ Jesus, who became to us wisdom from God [revealing His plan of salvation], and right- eousness [making us acceptable to God], and sanctification [making us holy and setting us apart for God], and redemption [providing our ransom from the penalty for sin],"

- 1 CORINTHIANS 1:30 (AMP)

◈ 당신의 삶에 이 말을 선포하라

나는 구속받았다. 나의 영혼은 생명으로 충만하며 하나님과 연합되어 있다. 나는 모든 실패에서 구속되었다. 나는 모든 중독에서 구속되었다. 나는 율법의 저주에서 구속받았다. 나는 죄와 병과 하나님과 떨어져서 보낸 영원으로부터 구속받았다. 예수님이 나의 구속을 위해 지불하신 값 때문에 나는 담대하게 선언할 수 있고 또 선언할 것이다. 나는 자유하다. 나는 강하다. 나는 어둠 속의 빛이다. 나는 이기는 자다. 나는 전능하신 분의 자녀다. 나는 선택받았다. 나는 의롭다. 나는 사랑받고 있다. 나는 대사다. 나는 총애를 받는다. 나는 보호받는다. 나는 정복자 이상이다. 나는 치유되었다. 나는 번창한다. 나는 성령의 성전이다. 나는 그리스도 안에 뿌리를 두고 있다. 나는 완전하다.

◈ Speak these words over your life

I am redeemed. My spirit is full of life and united with God. I am redeemed from any and all failures. I am redeemed from any and all addictions. I am redeemed from the curse of the law. I am redeemed from sin, sickness, and an eternity spent apart from God. Because of the price Jesus paid for my redemption, I can and will declare with boldness:

I am free; I am strong; I am a light in the darkness. I am an overcomer; I am a child of the Almighty. I am chosen; I am righteous; I am loved. I am an ambassador; I am favored; I am protected. I am more than a conqueror; I am healed; I am prosperous. I am the temple of the Holy Spirit; I am rooted in Christ; I am complete.

나는 완전하다

거울을 보고 당신의 모든 결점을 알아차리는 것은 쉽다. 당신이 자신에 대해 나쁘게 느끼고 싶다면, 당신의 외모를 최고의 모델과 비교하고, 당신의 지능을 최고의 지성과 비교하고, 그리고 당신과 하나님과의 관계를 위대한 믿음의 지도자와 비교하라.

그러나 당신이 머리 좋은 사람들, 가장 매력적인 사람들, 가장 경건한 신자들에게 초점을 맞출 때 비교할 수 없을 수도 있지만, 당신의 초점을 우주의 창조주이신 그리스도께 옮기면 그들도 그분의 완벽하심에 미치지 못한다는 것을 알게 될 것이다! 당신의 삶에서 '골리앗'을 당신의 거울에 비친 '양치기 소년' 다윗과 비교하지 말고, 대신 다윗이 한 일을 하고 당신의 가장 큰 장애물을 하나님과 비교하라. 이는 어떤 것이든 하나님과 비교할 때, 아무리 커도 하나님은 여전히 더 크시기 때문이다!

당신은 그리스도 안에서 완전하다. 당신이 약한 경우 그분은 강하시다. 당신이 수 천 번 실패한 경우라도 그분과 함께라면 극복할 것이다.

당신이 아플 때, 그분은 온전하게 하신다. 당신의 마음이 상할 때, 그분의 사랑은 그것을 다시 결합시키신다. 당신이 더 이상 싸울 여력이 없을 때, 그분은 당신을 회복시키셔서 결승선을 통과하게 해주시는 당신의 인내력이시다.

죄의 용서자, 정서적, 육체적 치유자, 모든 시련의 끊임없는 동반자, 모든 위험으로부터의 보호자, 그분은 당신이 필요로 하는 모든 것 되시는 분이시다. 당신은 전능하신 분의 자녀가 되었고 당신을 방해하는 모든 것에서 해방되었으며 밝은 미래의 약속이 있다. 이 모든 것은 당신이 완전해질 수 있도록 그리스도의 죽으심과 부활하심을 통해 여러분에게 주어졌다! 당신이 어떤 불안과 싸우든, 어떤 장애물이 앞에 있든, 얼마나 부적절한 느낌이 들든, 얼마나 큰 실수를 하든, 하나님과 함께라면 당신은 어떤 것도 감당할 수 있는 준비가 되어 있다. 당신은 그리스도 안에서 완전하다.

I Am Complete

It's easy to look in the mirror and notice every flaw about you. If you want to feel bad about yourself, then compare your looks to the top models, your intelligence to the top minds, and your relationship with God to the great leaders of faith.

Yet while you might not be able to compare when you focus on the brilliant minds, the most attractive people, and the most devout believers, if you will shift your focus to Christ, the creator of the universe, you will find they don't even come close to His perfection! Stop comparing the "Goliath" in your life with the "shepherd boy" David you see in the mirror; instead do what David did and compare your greatest obstacle to God. Because when you compare anything to God, no matter how big it is, God is bigger still!

You are complete in Christ. Where you are weak, He is strong. Where you have failed a thousand times, with Him you will overcome. When you are sick, He makes you whole. When your heart is broken, His love knits it back together. When you have no more fight left, He's your endurance that picks you up and carries you across the finish line. Forgiver of sins, emotional and physical Healer, constant Companion through every trial, Protector from all danger, He is every- thing you need. You've been made a child of the Almighty, freed from everything holding you back, and have a promise of a bright future. All this is given to you through the death and resurrection of Christ so that you can be complete! Believe it—no matter what insecurities you battle, what obstacle is in front of you, how inadequate you feel, or how big your mistakes are—with God you are ready and equal to anything. You are complete in Christ.

◈ 성경

"너희도 그 안에서 충만하여졌으니 그는 모든 통치자와 권세의 머리시라"(골 2:10).

"모든 성경은 하나님의 감동으로 된 것으로 교훈과 책망과 바르게 함과 의로 교육하기에 유익하니 이는 하나님의 사람으로 온전하게 하며 모든 선한 일을 행할 능력을 갖추게 하려 함이라"(딤후 3:16-17).

"나에게 이르시기를 내 은혜가 네게 족하도다 이는 내 능력이 약한 데서 온전하여짐이라 하신지라 그러므로 도리어 크게 기뻐함으로 나의 여러 약한 것들에 대하여 자랑하리니 이는 그리스도의 능력이 내게 머물게 하려 함이라"(고후 12:9)

◈ Scriptures

"And in Him you have been made complete [achieving spiritual stature through Christ], and He is the head over all rule and authority [of every angelic and earthly power]."

- COLOSSIANS 2:10 (AMP)

"All Scripture is breathed out by God and profitable for teaching, for reproof, for correction, and for training in righteous- ness, that the man of God may be complete, equipped for every good work."

- 2 TIMOTHY 3:16-17 (ESV)

"But He has said to me, 'My grace is sufficient for you [My lovingkindness and My mercy are more than enough—always available—regardless of the situation]; for [My] power is being perfected [and is completed and shows itself most effectively] in [your] weakness.' Therefore, I will all the more gladly boast in my weaknesses, so that the power of Christ [may completely enfold me and] may dwell in me."

- 2 CORINTHIANS 12:9 (AMP)

◈ 당신의 삶에 이 말을 선포하라

나의 구원은 하나님의 선물이다. 그것을 얻기 위해 내가 한 일은 아무것도 없다. 그것을 향상시키기 위해 내가 할 수 있는 일은 아무것도 없다. 나는 예수님을 만나기 전에, 깨어지고 공허했다. 그러나 내가 예수님을 나의 개인적인 구세주로 영접했을 때, 그분은 나의 불완전함, 부적절함, 결점의 모든 틈을 채우시고 내게로 들어오셨다. 그분은 나의 공허함을 그분의 사랑으로 채우셨다. 나의 외로움을 그분의 우정으로, 나의 약점을 그분의 힘으로, 나의 실패를 그분의 용서로, 나의 걱정을 그분의 평화로, 나의 스트레스를 그분의 기쁨으로, 나의 병을 그분의 치유로, 나의 무능을 그분의 능력으로, 나의 불안을 그분의 자신감으로, 나의 두려움을 믿음으로 채우셨다. 내 자신의 능력에 관한 한 내가 기대에 미치지 못한 부분이 어떤 영역이든지, 하나님이 그분의 능력으로 그 부족을 메워 주신다. 그리스도께서 내 안에 계시고 나와 함께하시기 때문에 나는 완전하다.

◈ Speak these words over your life

My salvation is a gift from God. There is nothing I did to earn it. There is nothing I can do to improve on it. I was broken and empty before I met Jesus, but when I accepted Jesus as my personal Savior, He came into me, filling all the gaps of my inadequacies, imperfections, and flaws. He filled my emptiness with His Love; my loneliness with His friendship; my weakness with His strength; my failures with His forgiveness; my worries with His peace; my stress with His joy; my sickness with His healing; my inability with His ability; my insecurity with His confidence; my fears with faith. Any area in which I come up short when it comes to my own ability, God makes up the difference with His ability. I am complete because Christ is in me and He is with me.

나는 보호 받는다

　세계는 위험한 곳이다. 폭력 범죄가 증가하고 있고, 테러리즘은 세계적인 위협이 되고 있으며, 질병은 우리 사회를 계속 괴롭히고 있다. 그러나 우리는 세상이 처방하는 공포의 일상적인 쓴 약에 동의할 필요가 없다. 이는 하나님은 자신을 방패, 피난처, 견고한 망대, 그리고 바로 곤경에 처한 현재의 도움으로 언급하신다.

　주님은 그분의 말씀의 권능과 성령의 인도하심으로 우리를 보호하신다. 당신이 당신의 삶에 하나님의 신성한 보호하심을 요청할 때 당신을 헤치려고 하는 어떤 힘을 멈추게 하는 그분의 말씀의 능력을 풀고, 위험에 대한 그분의 경고하심에 대한 감수성을 높이는 것이다. 하나님은 당신에게 해로운 상황을 피하라고 경고하심으로써 당신을 보호하실 것이다. 이 경고를 들으라. 이는 이 경고들은 기도에 대한 당신의 응답이며, 당신의 요청의 결과이기 때문이다. 그분의 보호하심은 세상의 자연법칙상 위험이상으로 확장된다. 그분은 또한 당신을 감정적으로 보호해 주실 것이다. 그분은 당신에게 해로운 관계에 대해 경고하실 것이다. 심지어 당신이 거친 말을 듣더

라도 그들이 예전처럼 당신에게 영향을 주지 않는 것처럼 보이도록 당신의 마음까지도 보호해 주실 것이다.

하나님은 당신이 그분을 방패라고 부를 때 그것을 진지하게 받아들이신다. 그분은 자신의 약속을 그분께 고백하는 그분의 자녀들에게 해를 받도록 허락하실 수 없고 허락하지 않으실 것이다. 그분은 자신이 그런 사람들을 대표하여 그분 자신이 강하시다는 것을 보여주시기 위해 온 세상을 자세히 살펴보신다. 아침에 당신과 당신 가족에 대한 그분의 보호하심을 선언할 잠시 시간을 정하고, 당신을 해치려는 이 세상의 힘에 대한 두려움으로부터 하루의 나머지 시간을 자유롭게 행하라.

I Am Protected

The world is a dangerous place; violent crime is on the rise, terrorism has become a global menace, and sickness continues to plague our society. But we don't need to subscribe to the daily dose of fear the world prescribes, for God refers to Himself as a shield, a refuge, a strong tower, and a very present help in trouble.

The Lord protects us through the power of His Word and by the leading of His Holy Spirit. When you confess His divine protec- tion over your life, you are releasing the power in His words to halt any force that would seek to harm you, and you are in- creasing your sensitivity to His warnings of danger. God will protect you by warning you to stay away from harmful situations. Listen to these warnings, for they are your answer to prayer and the result of your confession. His protection extends past the physical dangers in the world; He'll also protect you emotion- ally as well. He'll warn you against harmful relationships, and He'll even guard your heart so that though you hear harsh words, they don't seem to affect you like they used to.

God takes it seriously when you call Him your shield. He cannot and will not allow His child, who is confessing His promises back to Him, to be harmed. He looks throughout the entire world to show Himself strong on behalf of men and women like that. Designate a few moments in the morning to the declaration of His protection over you and your family, and walk the rest of the day free from the fear of this world's ability to harm you.

◈ 성경

"내가 피할 나의 반석의 하나님이시요 나의 방패시요 나의 구원의 뿔이시요 나의 높은 망대시요 그에게 피할 나의 피난처시요 나의 구원자시라 나를 폭력에서 구원하셨도다 내가 찬송 받으실 여호와께 아뢰리니 내 원수들에게서 구원을 받으리로다"(삼하 22:3-4).

"하나님은 우리의 피난처시요 힘이시니 환난 중에 만날 큰 도움이시라"(시 46:1).

"천 명이 네 왼쪽에서, 만 명이 네 오른쪽에서 엎드러지나 이 재앙이 네게 가까이 하지 못하리로다"(시 91:7).

"내가 평안히 눕고 자기도 하리니 나를 안전히 살게 하시는 이는 오직 여호와이시니이다"(시 4:8).

◈ Scriptures

My God is my rock, in whom I find protection. He is my shield, the power that saves me, and my place of safety. He is my refuge, my savior, the one who saves me from violence. I called on the Lord, who is worthy of praise, and he saved me from my enemies."

- 2 SAMUEL 22:3-4 (NLT)

"God is our refuge and strength [mighty and impenetrable], a very present and well- proved help in trouble."

- PSALM 46:1 (AMP)

"A thousand may fall at your side, ten thousand at your right hand, but it will not come near you."

- PSALM 91:7 (NIV)

"In peace I will lie down and sleep, for you alone, O Lord, will keep me safe."

- PSALM 4:8 (NLT)

◈ 당신의 삶에 이 말을 선포하라

내가 어디를 가든, 무엇을 하든 나는 하나님의 신성한 보호하심 아래서 행하고 있다. 주님의 천사들이 모든 해와 위험과 재난으로부터 나를 보호하고 지켜주기 위해서 나와 함께 내 앞에서 간다. 나는 하나님의 경고를 주의 깊게 듣는다. 주님은 나의 피난처, 나의 힘, 나의 요새와 견고한 망대이시다. 주님이 나와 함께 계시니 두려워하지 않을 것이다. 나는 어떤 악도 두려워하지 않을 것이다! 이는 내가 주님의 보호하심을 받고 있기 때문이다. 나는 금융 사기, 강력 범죄, 자동차 사고, 악천후, 직장이나 체육관에 있는 동안 부상으로부터 보호받는다. 나에게 어떤 악도 닥치지 않을 것이다. 내 집에 전염병이 오지 않을 것이다. 우리 집과 가족, 그리고 우리 회사에 있는 모든 사람들은 전능하신 하나님의 보호를 받는다.

◈ Speak these words over your life

Wherever I go and whatever I do, I am walking under the covering of God's divine protection. The angels of the Lord go with me and before me to protect me and keep me from all harm, danger, and calamity. I am attentive to hear God's warnings. The Lord is my refuge and my strength; my fortress and strong tower. I will not fear, for the Lord is with me. I will not fear any evil for I am protected by the Lord! I am protected from financial scams, from violent crimes, from automobile accidents, from adverse weather, and from injuries while at work or at the gym. No evil shall befall me; no plague shall come near my household. My home, my family, and all those who are in my company are protected by God Almighty.

나는 정복자 이상이다

당신이 패배하거나 낙담하거나 우울한 것은 하나님의 뜻이 아니다. 사실, 그것은 정반대다. 성경은 그리스도 예수님을 통해 우리는 정복자 이상이라는 것을 우리에게 분명히 말씀한다. 그것은 어떤 도전이 당신에게 오든, 삶이 당신을 무너뜨리려고 하든, 당신이 처한 불가능한 상황에도 불구하고, 하나님의 도우심으로 그것을 정복할 수 있다는 것을 의미한다. 하나님의 뜻은 당신이 삶의 모든 영역에서 완전한 승리를 하는 것이다!

당신을 저지하고 있는 것이 무엇이든 당신은 그것을 정복할 수 있다. 아마도 그것은 나쁜 습관이나 재정적 압박, 건강 상태일 수도 있다. 하나님은 당신의 구속자이시며, 당신의 제공자이시며, 그리고 당신의 치유자이시다. 당신은 당신의 동맹자이신 그분과 함께 그것을 정복할 것이다. 당신이 후회, 두려움, 불안, 우울증과 같은 내적 싸움에 저지당하더라도 하나님은 안에서부터 당신에게 생기를 회복시키시고, 새롭게 하시고, 힘을 실어주시기 위해서 그분의 성령을 보내셨다.

당신은 너무 깊어서 결코 빠져나올 수 없을 만큼 깊은 절망의 구덩이에 빠져 있는 것처럼 느낄지도 모른다. 그러나 하나님은 소망의 하나님이시며, 그분은 당신을 구하실 것이다. 당신이 직면하고 있는 그 어떤 것도 당신의 하나님보다 큰 것은 없다. 투쟁이 무엇이든지 간에, 그것이 외적이든 내적이든, 하나님은 당신 안에 계시고 하나님은 당신을 위하신다. 당신은 그분이 어떤 장애물도 제압하시고 당신과 함께 있으시리라는 것을 기대해도 된다. 당신은 당신의 문제를 정면으로 맞서서 그들을 물리칠 수 있다. 이제 일어나야 할 때다. 강건하게 맞서야 할 때다. 당신은 당신 안에 정복자의 영이 계시니, 당신의 영 안에 잠재되어 있는, 막을 수 없는 힘을 깨워라. 당신의 삶에 대해 하나님의 약속을 선포하기 시작하라. 당신은 정복자 이상이다.

I Am More Than a Conqueror

It is not God's will for you to be defeated, discouraged, or depressed. In fact, it is just the opposite. The Bible clearly tells us that through Christ Jesus we are more than conquerors. That means regardless of what challenges come your way, no matter what life tries to do to bring you down, in spite of the impossible situation you might find your- self in☐with God's help you can conquer it. God's will for you is total victory in every area of your life!

Whatever has been holding you back, you can conquer it. Maybe it's bad habits, financial pressure, or a health condition. God is your redeemer, your provider, and your healer. You will conquer it with Him as your ally. Even if you are being held back by internal struggles, such as regret, fear, anxiety, or depression, God sent His Spirit to revitalize, renew, and empower you from the inside out.

You may feel as though you are in a pit of despair that is so deep you could never get out. But God is the God of hope, and He will rescue you. Nothing you are facing is bigger than your God. Whatever the struggle, whether it's external or internal, God is in you and God is for you. You can count on Him to be with you, facing down any obstacle. You can face your problems head on and defeat them. It's time to rise up; it's time to stand strong. You have the Spirit of a conqueror inside you, so awaken the dormant, unstop- pable power within your spirit. Begin to speak God's promises over your life. You are more than a conqueror.

"그러나 이 모든 일에 우리를 사랑하시는 이로 말미암아 우리
가 넉넉히 이기느니라"(롬 8:37).

"예수를 죽은 자 가운데서 살리신 이의 영이 너희 안에 거하
시면 그리스도 예수를 죽은 자 가운데서 살리신 이가 너희 안
에 거하시는 그의 영으로 말미암아 너희 죽을 몸도 살리시리
라"(롬 8:11).

"우리 주 예수 그리스도로 말미암아 우리에게 승리를 주시는
하나님께 감사하노니"(고전 15:57).

"예수께서 하나님의 아들이심을 믿는 자가 아니면 세상을 이
기는 자가 누구냐"(요일 5:5).

◈ Scriptures

"Nay, in all these things we are more than conquerors through him that loved us."

                    - ROMANS 8:37 (KJV)

"But if the Spirit of him that raised up Jesus from the dead dwell in you, he that raised up Christ from the dead shall also quicken your mortal bodies by his Spirit that dwelleth in you."

                    - ROMANS 8:11 (KJV)

"But thanks be to God, Who gives us the victory [making us conquerors] through our Lord Jesus Christ."

                    - 1 CORINTHIANS 15:57 (AMPC)

"Who is it that is victorious over [that conquers] the world but he who believes that Jesus is the Son of God [who adheres to, trusts in, and relies on that fact]?"

                    - 1 JOHN 5:5 (AMPC)

◈ 당신의 삶에 이 말을 선포하라

나는 그리스도를 통해 정복자 이상이다. 나는 어떤 일이든 할 준비가 되어 있고, 어떤 일이든 감당할 수 있다. 그리스도를 죽은 자 가운데서 살리신 바로 그 성령이 내 안에 사신다. 예수님이 무덤을 정복하셨듯이, 나는 오늘 감히 내게 맞서는 어떤 도전도 이겨낼 것이다. 내 안에 승리의 영이 계신다. 하나님의 도우심으로 나는 나의 문제를 극복할 수 있고 또 극복할 것이다. 나는 그리스도의 충분한 공급으로 자급자족 할 수 있다. 나는 나의 동맹으로서 하나님과 그리고 나의 방패로서 하나님에 대한 나의 믿음으로 견뎌내고, 싸우고, 정복할 수 있다. 나는 오늘 내가 직면하고 있는 어떤 것도 나의 하나님에 대한 끊임없는 믿음에서 나를 막을 수 없다. 나는 하나님이 신실하신 분이라고 확신한다. 그분은 내 편이시고, 나를 위하시고, 나와 함께 있으시고, 내 안에 계신다. 그래서 나는 하나님과 연합하면 어떤 것도 내게 대항할 수 없다는 것을 알기 때문에 기력이 충만하고 삶에 대한 준비가 되어 있다.

◈ Speak these words over your life

I am more than a conqueror through Christ; I am
ready for anything and equal to anything. The same
Spirit that raised Christ from the dead dwells within
me. Just as Jesus conquered the grave, I shall con-
quer any challenge that dares to confront me today.
I have the Spirit of victory in me. With God's help,
I can and will conquer my problems. I am self-suf-
ficient in Christ's sufficiency. I am well able to en-
dure, battle, and conquer with God as my ally, and
my faith in Him as my shield. There is nothing that I
face today that can stop me from my relentless trust
in my God. I am convinced that God is faithful. He
is on my side; He is for me; He is with me; and He
is in me. So I stand undaunted, full of vigor, ready
for life, knowing that nothing can stand against me
when I'm united with God.

나는 번창한다

하나님은 당신을 축복하시는 것을 기뻐하시고, 당신이 번창하는 것이 하나님의 뜻이다. 하나님은 어떤 이유로든 당신이 부족함을 느끼길 바라지 않으시고, 당신이 삶에서 항상 번창하기를 원하시고 충분히 많은 것을 갖기를 원하신다!

성경에 나오는 하나님의 이름 중 하나는 엘 샤다이(El Shaddai-이 명칭은 (엘)과 (샤다이)의 복합어로 둘이 합쳐 하나의 명사로서 하나님의 명칭이 되었다. (샤다이)란 뜻은 '충분하다'(Sufficient)는 뜻이다. 하나님은 곧 '자족자'라는 뜻이다. 우리 말 성경은 전능자(Almighty)로 번역했다-역주)는 복합어로 "충분하신 하나님"으로 번역된다. 하나님은 "대단히 많으신" 하나님이시다! 그분은 단지 충분히 처리하지 않으신다. 그분은 풍성하게 처리하신다. 당신의 필요한 모든 것을 처리할 만큼 충분히 갖게 하시고 또한 다른 사람들에게도 축복이 되도록 하시고, 가족과 함께 외출해서 근사한 식사를 하고, 좋은 집에서 살고, 멋진 차를 운전하고, 멋진 휴가를 보내고, 당신이 축복을 받은 대로 다른 사람들에게 축복을 줄 수 있도록 하시는 것이 당신의 삶에 대한 그분의 계획이다!

때로는 이렇게 풍족한 삶을 살 수 있다고 생각하는 것이 어려울 수도 있지만, 자신의 상황에 대해 낙담하지 말고 당신이 지금 있는 곳에서 시작하라. 조금 더 주실 수 있고 조금 더 누릴 수 있게 하시는 하나님을 믿고, 하나님이 당신의 삶을 풍요롭게 하신다는 그분의 약속을 선포하라. 시간이 흐를수록 당신의 믿음은 커지고 재정을 풍성하게 받을 수 있는 능력도 커질 것이다. 당신의 말은 하나님께 대한 믿음으로 가득 차 있을 때 당신의 삶을 형성하는 힘이 있다. 그분이 영광의 풍성하심에 따라 당신의 모든 필요를 공급하신다고 선언하고, 당신의 삶에서 그분의 번창을 기대하고, 변화가 오고 있음을 알고 있기 때문에 어떤 변화를 보기 전에 그분께 감사하라! 이렇게 하고, 하나님이 당신을 대신하여 그분 자신이 강하시다는 것을 보여주시는 것을 지켜보라. 당신은 엘 샤다이(El Shadai)의 자녀이다. 당신은 번창한다.

I Am Prosperous

God takes pleasure in blessing you, and it's His will for you to be prosperous. God does not want you in lack for any reason, and He wants you to thrive in life, always having more than enough!

One of the names of God in the Bible is El Shaddai, which translates into "the God that is more than enough." God is a "too much" God! He doesn't deal in just enough—He deals in abundance. It's His plan for your life to have enough to take care of all your needs and be a blessing to others, too! To be able to take your family out for a nice meal, to live in a good home, to drive a great car, to go on a nice vacation, and to be able to bless others as you have been blessed.

Sometimes it can be daunting to think that you could live this abundant life, but don't be discouraged about your situation, just start where you are. Believe God for a little extra to give, and a little extra to enjoy, and speak His promises of abundance over your life. As time passes, your faith will increase as well as your ability to receive abundance in your finances. Your words have power to shape your life when filled with faith in God. Declare that He supplies all of your needs according to His riches in glory, expect His prosperity in your life, and thank Him before you see any change because you know it's coming! Do this and watch God show Himself strong on your behalf. You are the child of El Shaddai—you are prosperous

"하나님이 능히 모든 은혜를 너희에게 넘치게 하시나니 이는 너희로 모든 일에 항상 모든 것이 넉넉하여 모든 착한 일을 넘치게 하게 하려 하심이라"(고후 9:8).

"나의 하나님이 그리스도 예수 안에서 영광 가운데 그 풍성한 대로 너희 모든 쓸 것을 채우시리라"(빌 4:19).

"우리 가운데서 역사하시는 능력대로 우리가 구하거나 생각하는 모든 것에 더 넘치도록 능히 하실 이에게 교회 안에서와 그리스도 예수 안에서 영광이 대대로 영원무궁하기를 원하노라 아멘"(엡 3:20-21).

"나의 의를 즐거워하는 자들이 기꺼이 노래 부르고 즐거워하게 하시며 그의 종의 평안함을 기뻐하시는 여호와는 위대하시다 하는 말을 그들이 항상 말하게 하소서"(시 35:27).

◈ Scriptures

"And God is able to make all grace (every favor and earthly blessing) come to you in abundance, so that you may always and under all circumstances and whatever the need be self-sufficient [possessing enough to require no aid or support and furnished in abundance for every good work and charitable donation]."

- 2 CORINTHIANS 9:8 (AMPC)

"But my God shall supply all your need according to his riches in glory by Christ Jesus."

- PHILIPPIANS 4:19 (KJV)

"Now to Him Who, by (in consequence of) the [action of His] power that is at work within us, is able to [carry out His purpose and] do superabundantly, far over and above all that we [dare] ask or think [infinitely beyond our highest prayers, desires, thoughts, hopes, or dreams]."

- EPHESIANS 3:20 (AMPC)

"Let the Lord be magnified, which hath pleasure in the prosperity of his servant."

- PSALM 35:27 (B) (KJV)

◈ 당신의 삶에 이 말을 선포하라

나는 풍성한 축복을 받았다. 하나님이 나를 돌보신다. 나는 나의 재정에 대해 걱정하거나 염려하지 않을 것이다. 이는 나의 하나님이 영광의 부요하심에 따라 나의 모든 필요를 공급하실 것이기 때문이다. 나는 항상 모든 상황에서 필요한 것을 가지고 있다. 나는 그리스도 안에서 풍족하다. 이는 내가 구하거나 생각할 수 있는 모든 것보다 훨씬 더 풍족하게 하실 수 있는 분이 계시기 때문이다. 하나님이 나의 모든 재정 문제에 대해 지혜와 통찰력과 은혜를 주신다. 나는 성공했다. 나는 번창하다. 나는 나의 모든 필요를 돌볼 수 있는 충분한 돈과 다른 사람들과 하나님의 나라에 대한 관대한 기부자가 될 수 있는 충분한 돈이 남아 있음을 선포한다. 하나님은 나의 번창을 기뻐하신다. 나는 평생 번창을 누릴 것이며, 그분이 내게 주신 풍성함으로 나의 하나님께 공경과 영광을 돌려드릴 것이다.

◈ Speak these words over your life

I am abundantly blessed. God takes care of me. I will not worry or be anxious about my finances, because my God shall supply all of my needs according to His riches in Glory. I always, under all circumstances, have whatever I need. I am sufficient in Christ, for it is He who is able to do far more abundantly than all I can ask or think. God gives me wisdom, insight, and favor concerning all my financial affairs. I am successful; I am prosperous; I declare I have more than enough money to take care of all my needs and plenty left over to be a generous giver towards others and the Kingdom of God. God takes pleasure in my prosperity. I will walk in prosperity all the days of my life, and I will give honor and glory to my God with the abundance He has given me.

나는 성령의 전이다

성경은 당신을 성령의 전이라고 부른다. 성경은 또한 예수 그리스도를 죽음에서 살리셨던 바로 그 영이 지금 당신 안에 살고 계신다고 말씀한다! 성령은 당신이 마음이 울적할 때 위로해 주시려고 당신 안에 계신다. 그분은 당신의 행동이 완전히 다른 것을 지시(특히 듣는 사람이 기분 나쁘게) 할 때, 그분은 그리스도 안에서 당신이 누구인지 상기시켜 주시기 위해서 당신 안에 계신다. 그분은 당신이 당신에게 주신 목적을 향해 걸어갈 때, 당신이 기쁨과 완벽한 평화로 가득 차도록 삶을 인도해 주시기 위해서 당신 안에 계신다. 그분은 당신이 문제가 발생하면 필요한 지식과 지혜를 당신에게 가르쳐 주시기 위해서 당신 안에 계신다. 그분은 당신이 기력을 다하면 당신에게 에너지를 주시기 위해 당신 안에 계신다. 그분은 당신이 이해력을 키우기 위해 그분의 말씀을 공부할 때 그분은 하나님의 성품의 진리와 영광을 드러내시기 위해 당신 안에 계신다. 그분은 당신을 통해 상처받고 죽어가는 세상에 생명, 빛, 사랑을 불어넣으시기 위해 당신 안에 계신다!

성령의 전이 된다는 것은 당신이 이 비할 데 없는 축복을 당신 안에 수용한다는 것을 의미한다. 이렇게 산다는 것은 당신이 성령의 인도하심을 통해 하나님의 지시하심을 의지한다는 것을 의미한다. 이것을 이해하는 것은 당신이 이 싸움에 혼자있는 것이 아니라 오히려 당신과 함께 그리고 당신을 위해 싸울 주님의 영이 당신 안에 계신다는 것을 말해 준다.

그분은 당신이 필요한 때에 궁극적인 도움이시다. 그분은 당신의 변함없는 동반자, 당신의 지원자, 그리고 당신의 위로자이시다. 그분은 여러분의 친구이시며 당신이 그분의 도움이 필요할 때마다 매번 나타나실 것이다. 이는 여러분 안에 사시는 분은 하늘의 아버지의 바로 그 영이시기 때문이다. 만약 당신이 성령이 당신의 삶에 역할을 하시도록 한다면, 당신이 성령의 전이라는 것을 받아들일 때 당신은 복된 모험을 하게 되는 것이다.

I Am the Temple of the Holy Spirit

The Bible calls you the temple of the Holy Spirit. The Bible also says that the same Spirit that raised Jesus Christ from the dead now lives in you! The Holy Spirit is in you to comfort you when you are feeling down. He's in you to remind you who you are in Christ when your actions dictate some- thing else entirely. He's in you to guide you through life so that you will be full of joy and perfect peace as you walk towards the purpose that God has destined for you. He's in you to equip you with the knowledge and wisdom you need as problems arise. He's in you to give you energy when you run out of steam. He's in you to unveil the truth and splendor of God's character as you study His Word to grow in understanding. He's in you to infuse life, light, and love into the hurting and dying world—through you!

Being a temple of the Holy Spirit means you house this magnificent blessing within yourself. Living this means you rely on God's direction through the leading of His Spirit. Understanding this tells you that you are not in this fight alone, but rather you have the Spirit of the Lord within you to fight with you and for you.

He is the ultimate help in your time of need. He's your constant companion, your support, and your comforter. He's your friend, and when you need His help He'll show up every time, for it's the very Spirit of your Heavenly Father that lives in you. If you have never let the Holy Spirit play a role in your life, then you are in for a blessed adven- ture when you accept that you are the temple of the Holy Spirit.

◈ 성경

"너희 몸은 너희가 하나님께로부터 받은 바 너희 가운데 계신 성령의 전인 줄을 알지 못하느냐 너희는 너희 자신의 것이 아니라 값으로 산 것이 되었으니 그런즉 너희 몸으로 하나님께 영광을 돌리라"(고전 6:19-20).

"너희는 너희가 하나님의 성전인 것과 하나님의 성령이 너희 안에 계시는 것을 알지 못하느냐"(고전 3:16).

"예수를 죽은 자 가운데서 살리신 이의 영이 너희 안에 거하시면 그리스도 예수를 죽은 자 가운데서 살리신 이가 너희 안에 거하시는 그의 영으로 말미암아 너희 죽을 몸도 살리시리라"(롬 8:11).

"보혜사 곧 아버지께서 내 이름으로 보내실 성령 그가 너희에게 모든 것을 가르치고 내가 너희에게 말한 모든 것을 생각나게 하리라"(요 14:26).

◆ Scriptures

"Do you not know that your bodies are temples of the Holy Spirit, who is in you, whom you have received from God? You are not your own;"

> - 1 CORINTHIANS 6:19 (NIV)

"Don't you know that you yourselves are God's temple and that God's Spirit dwells in your midst?"

> - 1 CORINTHIANS 3:16 (NIV)

"If the Spirit of him who raised Jesus from the dead dwells in you, he who raised Christ Jesus from the dead will also give life to your mortal bodies through his Spirit who dwells in you."

> - ROMANS 8:11 (ESV)

"But the Comforter (Counselor, Helper, Intercessor, Advocate, Strengthener, Standby), the Holy Spirit, Whom the Father will send in My name [in My place, to represent Me and act on My behalf], He will teach you all things. And He will cause you to recall (will remind you of, bring to your remembrance) everything I have told you."

> - JOHN 14:26 (AMPC)

◈ 당신의 삶에 이 말을 선포하라

내 몸은 성령의 전이다. 하나님의 영이 내 안에 사신다. 나는 내 것이 아니다. 나는 그분의 것이다. 나는 살아계시는 하나님의 성전이다. 하나님은 내 안에 거하시고, 내 안에서 그리고 나를 통해 일하신다. 그분은 나의 하나님이시고 나는 그분의 자녀다. 나는 하나님을 공경하는 방법으로 내 몸을 다루기로 결심한다. 내 안에 계신 성령은 나에게 내 삶에 대한 하나님의 계획을 성취할 용기와 힘과 능력을 주신다. 그분은 나에게 내 삶의 모든 일에 대해 지혜와 통찰력을 주신다. 그분은 나의 위로자, 나의 격려자, 나의 가장 친한 친구, 나의 스승, 그리고 나의 보호자이시다. 그분은 그분의 말씀의 진리를 밝히시고 그것을 나에게 현실로 만드신다. 나는 성령의 지시와 권고를 듣고 신속히 순종하기를 열망한다.

My body is the temple of the Holy Spirit. God's Spirit lives in me. I am not my own; I belong to Him. I am the temple of the living God. God dwells in me, and works in me and through me. He is my God and I am His child. I choose to treat my body in a way that will honor God. The Holy Spirit in me gives me courage, strength, and power to fulfill God's plan for my life. He gives me wisdom and insight concerning all the affairs of my life. He is my comforter, my encourager, my best friend, my mentor, and my protector. He reveals the truths of His Word and makes them real to me. I am keen to hear and quick to obey the direction and counsel of the Holy Spirit.

나는 뿌리를 내렸다

승리의 힘, 굽히지 않는 믿음, 굽히지 않는 끈기는 모든 하나님의 말씀 속에 살아 계시는 믿음의 영을 통해 나온다. 그리스도 안에 뿌리를 내린다는 것은 그분의 무오한 말씀의 견고한 땅속에 당신의 생명을 심고, 그 속에 뿌리를 깊이 파고들면서 당신에게 힘을 주고 활력을 불어넣기 위해 주어진 모든 은사를 활용할 수 있도록 하는 것이다.

당신은 나무와 같다. 당신의 뿌리가 깊어 질수록 당신은 더 강해진다. 나무의 뿌리는 토양에서 영양분을 끌어 몸 전체에 영양분을 공급할 뿐만 아니라 폭풍이 불 때 닻 역할을 한다. 나무를 단단히 심는 것은 뿌리다! 맹렬한 폭풍처럼 당신의 삶에 위기가 닥칠 때, 그것은 하나님의 말씀에 있는 약속 위에 설 때이다.

당신이 장기간 결핍과 스트레스가 많은 힘들고 지루한 일이 끝나지 않을 것 같고, 당신의 힘이 거의 사라졌을 때, 당신은 살아 있는 물줄기가 흐르는 깊은 곳에서 에너지를 끌어낸다. 이는 당신이 약할 때 하나님은 강하시기 때문이다. 당신은 그리스도 안에 뿌리를 내리고 있다. 그분의 말씀은 당신의 토대이지만, 그 토대에 당신의 뿌리가 얼마나 깊이 들어가는지는 당신에게 달려 있다. 당신이 그분의 말씀을 읽으면 읽을수록 그 말씀에 대해 생각하는데 더 많은 시간을 할애하고, 말씀을 읊조리면 읊조릴수록, 당신이 그분의 일을 더 많이 알게 되고, 하나님과 당신의 관계를 더 잘 이행하면 할수록 당신의 뿌리는 더 깊어질 것이다. 하나님의 말씀으로 식별하고, 말씀에서 끌어내어, 말씀이 당신의 마음을 바꾸고, 당신의 방향을 고치고, 당신의 몸의 활기를 되찾게 하라. 성경은 하나님이 당신에게 말씀하시는 것이다. 하나님의 흔들리지 않는 말씀에 확고히 뿌리를 두라.

I Am Rooted

Victorious strength, unyielding faith, and reck-less tenacity come through the Spirit of faith living in every Word of God. Being rooted in Christ is planting your life within the solid ground of His infallible Word and digging your roots deep in Him so you can utilize every gift that has been given to empower and revitalize you.

You are like a tree—the deeper your roots grow, the stronger you are. Not only do a tree's roots draw nutrients from the soil to feed the entire body, but they also act as an anchor when the storm winds blow against it. It's the roots that keep a tree firmly planted! When a crisis roars into your life like a raging storm, it's time to stand on the prom- ises in God's Word. When you are in a drought, the stressful grind of life doesn't seem to end, and your strength is all but faded, you draw the energy from deep within where the streams of living water flow, for when you are weak God is strong. You are rooted in Christ.

His Word is your foundation, but how deep your roots go into that foundation is up to you. The more you read His Word, the more you spend time thinking about it, the more you speak it, the more aware of His things you become, and the more fulfilling your relationship with God becomes, the deeper your roots will go. Identify with the Word of God, draw from it, and let it reshape your mind, repurpose your direction, and rejuvenate your body. The Bible is God speaking to you, so be firmly rooted in God's unshakable Word!

◈ 성경

"믿음으로 말미암아 그리스도께서 너희 마음에 계시게 하시옵고 너희가 사랑 가운데서 뿌리가 박히고 터가 굳어져서 능히 모든 성도와 함께 지식에 넘치는 그리스도의 사랑을 알고 그 너비와 길이와 높이와 깊이가 어떠함을 깨달아 하나님의 모든 충만하신 것으로 너희에게 충만하게 하시기를 구하노라"(엡 3:17-19).

"그러나 무릇 여호와를 의지하며 여호와를 의뢰하는 그 사람은 복을 받을 것이라 그는 물 가에 심어진 나무가 그 뿌리를 강변에 뻗치고 더위가 올지라도 두려워하지 아니하며 그 잎이 청청하며 가무는 해에도 걱정이 없고 결실이 그치지 아니함 같으리라"(렘 17:7-8).

◈ Scriptures

"Then Christ will make his home in your hearts as you trust in him. Your roots will grow down into God's love and keep you strong. And may you have the power to understand, as all God's people should, how wide, how long, how high, and how deep his love is."

- EPHESIANS 3:17-18 (NLT)

"Blessed [with spiritual security] is the man who believes and trusts in and relies on the Lord and whose hope and confident expectation is the Lord. For he will be [nour- ished] like a tree planted by the waters, that spreads out its roots by the river; and will not fear the heat when it comes; but its leaves will be green and moist. And it will not be anxious and concerned in a year of drought nor stop bearing fruit."

- JEREMIAH 17:7-8 (AMP)

◈ 당신의 삶에 이 말을 선포하라

나는 하나님의 말씀에 깊이 뿌리를 두고 있다. 하나님의 말씀은 나의 토대이다. 그것은 나의 힘, 자신감, 소망, 믿음의 원천이다. 내 삶은 그 토대가 하나님의 말씀인 변하지 않고 흔들림 없는 진리이기 때문에 안전하다. 하나님의 말씀은 삶의 폭풍이 올 때 나에게 닻을 내릴 것이다. 나는 그리스도 안에 뿌리를 두고 있기 때문에 가장 무서운 상황 속에서도 강하고 안정적이며 두려워하지 않을 것이다. 내가 어떻게 대처해야 할지 모르는 어려움과 도전에 직면했을 때 나는 초조하거나 당황하지 않을 것이다. 나는 내 눈이 그리스도께 고정되어 있고 나의 믿음은 그분의 말씀에 깊이 뿌리 박힌 채 단호함을 유지할 것이다. 나는 요동하지 않을 것이다. 그분의 말씀은 내게 오는 모든 것을 견디고, 지속하고, 극복할 용기와 불굴의 용기를 준다.

◈ Speak these words over your life

I am rooted deeply in the Word of God. The Word of God is my foundation. It is my source of strength, confidence, hope, and faith. My life is secure because its founda- tion is the unchangeable and un- shakable truth that is the Word of God. The Word of God will keep me anchored when the storms of life come. Because I am rooted in Christ, I will remain strong, stable, and unafraid in the middle of even the scariest circumstance. When faced with difficulties and challenges I don't know how to handle, I will not fret or be dismayed. I will remain resolute, with my eyes fixed on Christ, and my faith rooted deep in His Word. I shall not be moved. His Word gives me courage and fortitude to endure, preserve, and overcome whatever comes my way.